# 面接で伝わり差がつく！
# 自分だけの
# 地方公務員の
# 志望動機

滝井元視 [著]

JN104740

日本能率協会マネジメントセンター

# はじめに

　公務員試験の合格報告に来てくれたある学生との出会いが、私のキャリアの転機となりました。

　その学生は、カバンから一枚のクリアファイルを取り出し、私にくれたのです。

「後輩の役に立てばと思って……」

　そこには、一次面接、二次面接、三次面接の様子（質問内容、自分の回答、面接官の反応など）が事細かにまとめられていました。

　多くの学生は、まだまだ「支援を受ける」立場にいます。一方で、公務員は「支援をする」立場です。このギャップをいかに小さくし、公務員一年目を迎えるか、という点は、公務員を「キャリア」として考えるうえで、とても大切なポイントです。

　この学生は、「自分が合格できたからOK」ではなく、既に「他人に支援をする」立場に立っていたのです。

　こんなマインドの学生が就職する自治体の市民は幸せだろうな……と思い、また、そんな公務員をもっと世に送り出そうとも考え、2013年に立ち上げたのが『きりんゼミ』（公務員受験者向け勉強会）。公務員に求められる考え方やスキルの養成、地方自治体の仕事理解などに焦点を当て、選考全般を通してフォローしています。

　一例ですが、東京都特別区の2,000人を超える合格者のなかで一桁順位での合格、東京都庁も20番以内、ある県庁の採用試験では面接で採用順位130人抜きというゼミ生もいました。自治体に対する理解の深さ、仕事へのこだわりや想い、身につけている考え方やスキルなどは、面接官から見れば「一般的な受験生とは異なる魅力的な資質」に映っているのでしょう。

そして、こうした魅力が表現されるのが、「志望動機」です。志望動機を制することが、公務員選考を突破するうえで極めて重要な鍵になることは間違いありません。そこで、本書では、志望動機を軸に、応募書類の作成、面接選考などを想定した対策のポイントを網羅しました。いずれも、『きりんゼミ』で多くの受験生を合格に導いたノウハウです。

　また、現時点で「なんとなく公務員になれたら」という方もいらっしゃるかと思います。「安定」に惹かれて、家族に勧められて……公務員という仕事との出会い方は人それぞれですし、今はそれでも構いません。これからその魅力に気づき、魅力を自分自身の言葉で表現できる方法を知ればよいのですから。本書を通じて、あなたのなかの「なんとなく」は「できることなら」に、そして「なんとしても」へと、その形を変えていけるはずです。

　公務員受験に向けて既に学習を始めている方も、これから学習を始めようとしている方も、まずは公務員のリアルを知ってください。そして、それでも公務員を目指そうと思うなら、自信を持って語ることのできる志望動機を本書で作り上げましょう。これは、選考の突破において重要なだけでなく、学習に向き合うモチベーションにもなります。公務員受験は長期戦です。確固とした志望動機によって、あなたが目指そうとしている将来のビジョンが、明るく魅力的なものであることをあなた自身が深く理解しておくこと。これが、あなたを机に向かわせる原動力にもなるからです。

　本書を手に取ってくれたあなたが、揺るぎない志望動機と共に公務員受験を完走し、公務員としてのキャリアを切り拓いてくれることを願っています。

2024年2月

滝井元視

# 目次 CONTENTS

# 地方公務員とは

あなたはそもそも、地方公務員の仕事をどれだけ知っているでしょうか？
どのような役割を担い、どのような種類があり、どのような雇用環境にある
のかご存じでしょうか？
まずは地方公務員の仕事を知りましょう。人は、「知らないこと」に興味を持
つことができません。大切なのは「知っている」を増やすこと、そして「知
っている」のなかから興味の有無で取捨選択することです。もし、興味を持
った仕事から魅力を感じることができれば、公務員採用試験対策へ前向きに
取り組むことにつながるでしょう。

1．地方公務員はどういった存在なのか？
2．地方公務員にはどんな職種があるのか？
3．本当に「安定した仕事」なのか？
4．公務員はゼネラリスト？

# 1 / 地方公務員はどういった存在なのか？

## 1. 公務員・地方公務員の立場

　公務員は、よく「公僕」ともいわれます。ただしこれは、下僕や奴隷のように自らの自由を奪われて労働を強要される、という意味ではありません。社会全体の奉仕者として、全ての住民に公平に向き合うこと、そして公共の利益のために働く存在であることを意味しているのです。

　そんな公務員のなかに、「地方公務員」とよばれる方々がいます。皆さんが地方公務員と聞いて真っ先に思い浮かべるのは、地元の「都道府県庁」で働く職員でしょうか？　それとも、もっと身近な「役所・役場」で働く職員でしょうか？

　実は、どちらも同じ地方公務員です。地方公務員が活躍する場は、広域自治体（都道府県）と基礎自治体（市区町村）とに分類され、それぞれの立場で地域に貢献しています。なお、市役所の市民部のように来客対応が多い職場の窓口業務や事務作業量が多い部署などでは、会計年度任用職員（非常勤の公務員のこと）が従事している場合もあります。

　地方公務員は、「特別職」と「一般職」に区分されます（地方公務員法第3条）。

　「特別職」は、都道府県知事、市区町村長、議員などを指します。簡単に言ってしまえば、選挙など（議会の議決・同意などを含む）で選ばれ、政治的な仕事をする公務員です。原則として地方公務員法は適応されず、地方自治法や公職選挙法などの各法律に規定が設けられています。

　もう一つの「一般職」、これが都道府県の職員や市区町村の職員たちのことです。本書を手に取って受験対策を講じている大多数の皆さんは、この「一般職」を志望しているのではないでしょうか。「一般職」には、主に行政事務（⇒P.10）に携わる行政職のほか、専門知識や技能を活かして働く技術職、児童相談所のカウンセラーなどとして働く心理職、障

害者施設などで働くケースワーカー、栄養士、保健師、保育士、司書などの専門職もあります。

## 2.「公共の利益のために働く」ということ

ところで、「公共の利益のために働く」とはどういうことでしょうか？細かく挙げるとキリがありませんが、主なものとして「福祉」と「振興」の2つの政策を理解しておくとよいでしょう。

福祉政策とは、弱者保護の観点で講じられる様々な施策のことです。障害者福祉、高齢者福祉、子育て支援、生活保護などがこれに該当します。これらは、苦しい立場の方々や困っている方々の声に寄り添い、望ましい生活レベルに引き上げることを目的としています。「マイナスを解消してゼロの状態を目指す」イメージです。

一方で、振興政策は、地域を活性化するために講じられるものです。観光まちづくり、商店街活性化、スポーツ振興などがこれに該当します。地域を活気づけて地域経済に好影響を与える政策は、人口の増加や産業の発展につながります。したがって、こちらは「プラスを伸ばしていく」イメージです。

このように、地方公務員は「福祉」や「振興」など、それぞれの立場から地域に関わっていくことになるのです。

第1章

第2章

第3章

第4章

第5章

第6章

# 2 / 地方公務員にはどんな職種があるのか？

前節で挙げた「行政職」と一口に言っても、実にさまざまな職種がありますが、大きく次の3つに代表されます。

## 1．学校事務

あなたが公立の小中学校や高等学校でお世話になった公務員といえば、学校事務の方々ではないでしょうか。職員室の先生ではなく、事務室にいる職員さんのことです。学校事務は、一般的に都道府県の職員（政令指定都市の場合は市の職員）として採用され、その後、市区町村立の小中学校、都道府県立の高等学校などに配属されることになります。児童、生徒や教員を支える立場として、学校の各種行事の運営や施設及び備品の管理、会計処理などを担当します。

## 2．警察事務

警察事務は警察官ではありませんが、緊張感のある警察署内で幅広い事務作業に携わります。基本的には予算や費用の管理事務、職員の給与計算や福利厚生などを通して、警察官の方々が最高のパフォーマンスを発揮できるよう、縁の下から支える仕事です。一方で、拾得物の管理や遺失物届の受理など、窓口や電話を通じて直接に住民と対応する仕事もあります。このほか、安全・安心なまちづくりのための各種広報活動を担当することもあります。

## 3．行政事務

公務員を志望する方にとって、最もイメージしやすい地方公務員の仕事がこちらでしょう。行政事務は、都道府県や市区町村で働く職員のことです。定期的な人事異動（多くは4月1日もしくは10月1日。例外あり）により、3〜5年程度で様々な部署を渡り歩いていきます。配属さ

第1章

第2章

第3章

第4章

第5章

第6章

れる可能性のある部署は幅広く、その仕事は非常に多岐にわたります。職員は公務員としてのキャリアの全体を通して、それぞれの立場で住民のニーズを捉え、それに応えていくことになるのです。

〈行政事務として配属される可能性のある部署の一例　※市役所の場合〉
市民窓口／市民相談／納税／市民税／資産税／生活保護／高齢福祉／障害福祉／児童福祉／保険年金／都市計画／区画整理／道路／公園／環境保全／下水道／観光振興／産業経済／農業／スポーツ振興／総務／管財／防災／財政／会計／企画／人事／広報／地域協働／健康／男女平等／図書館／公民館／市民会館／生涯学習／教育／クリーンセンター／選挙管理委員会／など

※部署名は自治体によって異なります。

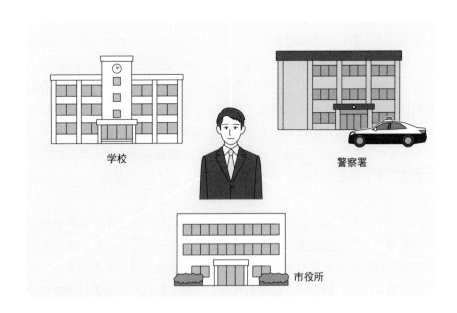

学校

警察署

市役所

# 3 / 本当に「安定した仕事」なのか？

公務員に対する魅力の一つとして、「安定しているから」を挙げる受験生は少なくありません。確かに、一般企業に比べて景気の変動を受けにくく、なにより倒産や失業におびえる必要がないのが公務員。また、地方自治体の職員であれば、一般的には転居を伴うような大きな異動はありません。そのため、公務員は、経済的にも環境的にも「安定」を感じやすい仕事といえそうです。

しかし、それは外から公務員を見た場合の話。実際に公務員として働いている人が皆、「安定」を感じているわけではありません。

例えば、人事異動。通常は３〜５年程度で部署を異動するのが地方公務員の特徴です。筆者のように飽き性な人間は、この人事異動にワクワクしていたものですが、なかにはそうでない人もいます。せっかく覚えた仕事、せっかく構築した人間関係を手放し、また一から新しい環境でリスタートしなければならない……ここには少なからず負担が伴います。

また、まだ若いうちは「教えてください」という姿勢で、新しい環境にも適応しやすいでしょう。頭も柔らかいので仕事の覚えも早いです。しかし、中高年になるとそうはいきません。異動のたびに自分より若い職員に教えを請い、必死に環境に溶け込もうとしますが、昔のように仕事の覚えも早くありません。しかも、そのような状況で責任あるポジションとして、日々判断を迫られるわけです。筆者も若い頃、異動のたびに苦労している上司の姿を何人も見てきました。

先にお伝えした通り、自治体の仕事は多岐にわたります。部署が変われば仕事内容も人間関係も大きく変化します。そのため、自治体の人事異動はしばしば「転職」とも例えられます。税金を管理する部署でコツコツと働いていた職員が、観光振興（イベント担当）の部署に異動にな

ったショックで辞表を出した、という話を聞いたこともあります。このように、頻繁に「転職」のような状況が半強制的に発生する自治体職員の仕事を指して、安易に「安定」と決めつけることには疑問を感じます。

　何をもって「安定」と捉えるのか。自治体職員の人事異動をポジティブに捉えられるのか。様々な観点から自治体職員の仕事を考え、職員としてのキャリアビジョンをなるべく明確に描いてみてください。

# 4 / 公務員はゼネラリスト？

## 1．行政のプロとして目指す方向性

　第2節で触れた事務職以外にも、地方公務員には様々な種類があります。

　例えば、第1節で挙げた技術職（木・建築・機械・電気など）。これらは、選考過程でそれぞれの分野に関する専門的な知識を問われます。採用後は、学生時代に学んだ知識や仕事を通して身につけた技術を活かすことができる職場を中心に巡りながら仕事を行います。つまり、培ってきた知識や技術を発揮することが期待され、かつ、実践を通して磨き続けることができる職種、すなわち「スペシャリスト」といえるでしょう。

　一方で、大多数の方が志望するのが、行政職のなかの行政事務です。福祉、まちづくり、税、住民票の発行などを担う職種がこれに当たります。本書を読む皆さんも行政事務を志望しているのではないでしょうか。行政事務は、数年単位での異動があり、しかも異動の前後の仕事に対して、その類似性などはあまり考慮されません。こうした異動に対応するためには、一つのことを追求する力以上に、様々な仕事に柔軟かつバランスよく対応できる力が求められます。したがって、行政事務は「ゼネラリスト」といえそうです。

## 2．結果的にはゼネラリストだが……？

　「行政事務はゼネラリスト」。おそらく、論文試験や面接ではこのように回答するのが無難なのでしょう。客観的に見て、行政事務は幅広い仕事に対応することを期待されているわけですから、間違ってはいません。しかし、実際に仕事をしている公務員は、どのように考えているのでしょうか？

　公務員はそれぞれの部署の一員として「担当」を任されています。その種類によっては、責任の大きさに押しつぶされそうになることもあります。

　例えば、実家や学歴が農業に係わっていないあなたが、農地の保全を担当することになったとしましょう。農家に働きかけ、農地の積極的な活用を促していくべき立場です。ただ、人を動かすことは容易ではありません。異動してきたばかり、しかも農業のことを何も知らない職員が言うことなんて耳を貸してくれるはずありません。そんなとき、職員は農業を学ぼうとします。作付けのこと、品種のこと、肥料のこと、病気のこと……。もちろん、知識や経験で農家に追いつけると考えているわけではありません。職員は、「役所のなかで最も農業に詳しい存在」になろうと努力するのです。その理由は、担当者だから。農家にとって誰よりも信頼のおける存在である必要があるからです。

　たった3～5年の担当ですが、このような姿勢で仕事に向き合う職員は、その分野に関して驚くほど詳しくなります。異動した後も、しばしば助っ人として招集されることもあります。こうした職員の姿勢が、住民との信頼構築につながるだけでなく、組織の力を強くすることは明らかです。


　行政事務は、一見すると「ゼネラリスト」かもしれません。しかし、**担当する仕事に責任を持ち、住民に真摯に向き合おうとする職員の心は、まぎれもなく「スペシャリスト」**なのです。それぞれの部署で「スペシャリスト」を目指しながら仕事に取り組み、異動を繰り返していきながら、結果として、数十年後に質の高い「ゼネラリスト」ができ上がるのではないでしょうか。

　※第4章「地方公務員のリアルを知ろう」のインタビューのなかでも
　　関連した話が紹介されているので、是非読んでみてください。

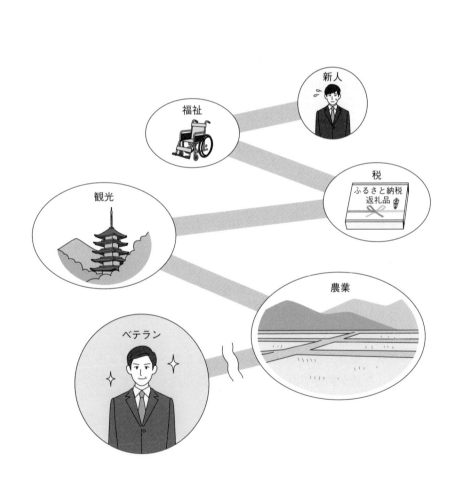

新人

福祉

税
ふるさと納税
返礼品

観光

農業

ベテラン

# 地方公務員に
# なるには

ここでは、公務員採用試験に向き合ううえで求められる「覚悟」や、選考の
基礎知識を押さえていきます。筆記試験の存在や試験日程の関係によるエン
トリー制限など、民間就活とも異なる選考のため、受験生にとって決してや
さしい試験ではなく、心を乱されることもあります。こうした事実から目を
背けることのない心構えで対策に臨みましょう。
また、筆記試験の先には面接が待ち構えています。面接の突破に求められる
ことは何か？　面接官はあなたの何を見ているのか？　それも本章で大枠を
押さえていきましょう。

1．地方公務員採用試験を知る

2．公務員採用試験特有の問題

3．変化しつつある公務員採用試験

4．面接で受験生の何が見られているのか？

5．「一問一答」の丸暗記では対応できない？

6．解像度の高い志望動機が必要

# 1 / 地方公務員採用試験を知る

　地方公務員という職業については、第1章で詳しく述べました。いよいよ本題の「地方公務員への就き方」について話していきたいと思います。

　第1章で、地方公務員には特別職と一般職があるという話をしました。皆さんが志望する一般職に就くためには、「採用試験」を受験して合格する必要があります。民間就活と比べ、公務員採用試験の場合は受験資格や出願、選考内容まで少々特殊です。順番に確認していきましょう。

## 1．試験区分と受験資格

　試験区分とは、受験生の学歴や年齢、目指すキャリアに応じて変わる公務員の職位と受験先を指します。大まかに、

・4年制大学卒業（見込を含む、以下同）の方が受験できる「大卒程度」
・2年制の短期大学卒業の方が受験できる「短大卒程度」
・高校卒業（見込）の方が受験できる「高卒程度」

に分けられます。自治体によっては、短大卒程度の区分を設けていないところもあり、その場合は高卒程度に分類されることが多いようです。

　また、それぞれの区分には、年齢制限が設けられています。ある自治体では、大卒程度の受験資格を「平成○○年4月2日〜××年4月1日」としていますが、この範囲内であれば、新卒でも既卒でも出願が可能です。

　なお、区分の名称は受験する自治体によって変わっていることも多く、例えば東京都では大卒程度を「Ⅰ類」と呼び、高崎市では短大卒程度を「Ⅱ種」と呼ぶなど一定ではありません。

　このほか、その自治体に住んでいるかが要件となる場合もあります。試験案内はよく確認しましょう。

## 2．試験内容

　自治体によって試験内容は様々ですが、一般的に筆記試験や適性検査が行われる一次試験と、面接を含めた口述試験や身体検査が行われる二次試験に大別されます。一次試験には①筆記試験、②論作文、③適性検査があり、二次試験には④口述試験、⑤身体検査などが実施されます。

### ①筆記試験

　択一式や選択式問題による筆記試験です。一般知能と高等学校までの教育内容や時事問題を測る教養科目と、法律や学術体系の理解を問う専門科目があります。難易度の差こそあれ、進学受験のイメージが近いでしょうか。次節でも述べますが、公務員採用試験を象徴するものです。

### ②論作文

　自治体や公務員の職務に関するもののほか、理想の公務員像や挫折経験など、幅広いテーマで出題される作文問題です。制限字数は自治体により異なります。こちらも公務員試験の代名詞としてよく語られます。

### ③適性検査

　たくさんの質問事項に答えたり、単純計算を繰り返し多くこなしたりして受験生のパーソナリティを測る試験です。極端な結果が求められるものではないため、あまり対策を取る性質のものではありません。

### ④口述試験

　面接やグループディスカッション、プレゼンテーションなど、面接官や受験生同士で対面して行う試験です。近年は筆記試験より重視する自治体も増えており、また独学も可能な筆記試験とは違って対策が難しいことから注意を要します。本書では第5章で対策法などについて触れます。

### ⑤身体検査

　一部の自治体や職種で求められる身体能力を測定する検査です。身長や体重、視力などの健康診断要素のあるものから、握力や持久力など運動機能まで測る場合も存在します。


　このほか、スキルを測定する実技試験や、一次試験の代わりにSPIやSCOAなど民間の適性検査試験を採用している自治体もあります。

## 3．受験申込み

　公務員試験を受けるためには、各自治体の配布する願書（申込用紙）を手に入れ、必要書類とともに記入し、郵送などで出願する必要があります。願書は、受験要項とともに各自治体の窓口やホームページなどから入手できます。インターネット上で出願できる場合もありますが、多くの自治体は郵送が主流です。なかには願書の持参や電子申請のみを受け付ける場合があるのでご注意ください。なお、願書は役所以外の公共施設での受取りや郵送による取寄せができることもあります。

　公務員試験自体は無料で受験できますが、こうした郵送代などがかかる点、また郵送だと申込締切日までに自治体に届いていなければならない点は頭に入れておきましょう。

## 【（参考）令和５年度実施　選考スケジュール】

| 試験区分 | 3月 | 4月 | 5月 | 6月 | |
|---|---|---|---|---|---|
| 東京都<br>Ⅰ類B（大卒程度・一般方式） | 応募書類作成～提出(3/28~4/4)<br>→　一次試験（4/30） | | | 二次試験<br>(6/21~7/3) | |
| 特別区<br>Ⅰ類（大卒程度） | 応募書類作成～提出(3/17~4/3)<br>→　一次試験（4/30） | | | | |
| 県（参考：群馬県）<br>Ⅰ類：大卒程度<br>Ⅱ類：短大卒程度 | | | 受験の申し込み<br>(5/2~5/19) | 一次試験<br>(6/18) | |
| 県（参考：群馬県）<br>Ⅲ類：高卒程度 | | | | | |
| 政令指定都市（参考：川崎市）<br>大卒程度 | | 受験の申し込み<br>(4/12~5/17) | | 一次試験<br>(6/18) | |
| 政令指定都市（参考：川崎市）<br>高卒程度 | | | | 受験の申し込み<br>(6/19~7/21) | |
| 市町村（参考：高崎市）<br>Ⅰ種：大卒程度 | | | 受験の申し込み<br>(5/15~5/19) | 一次試験<br>(6/11) | |
| 市町村（参考：高崎市）<br>Ⅱ種：短大卒程度<br>Ⅲ種：高卒程度 | | | | | |
| 市町村（参考：前橋市）<br>事務Ⅰ：大卒程度 | | | 受験の申し込み<br>(5/10~5/19) | 一次試験<br>(6/11) | |
| 市町村（参考：前橋市）<br>事務Ⅱ：高卒程度 | | | | | |

## 4．日程

　願書配布と申込時期については、大卒程度が４月頃、短大卒・高卒程度が７月頃であることが多いようです。

　また、一次試験は大卒程度が６月、短大卒・高卒程度が９月の実施が中心です。ただし、東京都は例年４～５月に一次試験を実施するなど、これも自治体や職種によって異なりますので、試験案内には目を通しておきましょう。なお、二次試験はおおむね一次試験の翌月に実施されやすいです。

　下の表では、いくつかの地方公務員採用試験を例として、年間スケジュールを掲載しました。日程に「おや？」と思った方がいるかもしれませんが、その点は次節で改めてお話しします。

| 7月 | 8月 | 9月 | 10月 | 11月 | 12月 |
|---|---|---|---|---|---|
| 最終合格発表(7/14) | | | | | |
| 二次試験(7/9~7/19) | 最終合格発表（8/3）→区からの連絡（提示）に応じて面接を受験（成績や採用数に応じて提示は最大７回） | | | | |
| 二次試験(上旬~中旬) | I類：三次試験(上旬)→最終合格発表(8/23) II類：最終合格発表(8/10) | | | | |
| | 受験の申し込み(8/4~8/22) | 一次試験(9/24) | 二次試験(10月下旬~11月上旬)→最終合格発表(11/17) | | |
| 二次試験（7/25~8/9）→最終合格発表（8/17） | | | | | |
| | | 一次試験(9/24) | 二次試験(10/20~10/30) | 最終合格発表(11/16) | |
| 二次試験(下旬) | 三次試験(下旬) | 最終合格発表(上旬) | | | |
| | 受験の申し込み(8/7~8/14) | 一次試験(9/17) | 二次試験(下旬) | 三次試験(中旬) | 最終合格発表(上旬) |
| 二次試験(中旬~下旬) | 三次試験(中旬~下旬) | 最終合格発表(中旬) | | | |
| | 受験の申し込み(8/2~8/14) | 一次試験(9/17) | 二次試験(中旬~下旬) | 三次試験(下旬) | 最終合格発表(中旬) |

# 2 公務員採用試験特有の問題

　公務員採用試験の特徴や民間就職試験との違いとして、代表的なものは次の3つでしょう。

## 1. 難易度高めの筆記試験

　公務員採用試験への対策として、多くの受験生を悩ませている筆記試験。その対策を効率よく行うことを目的として、予備校を活用する受験生も多く見受けられます。なかには大学と提携して講座を運営している予備校もあり、在学生には割引特典が適用される場合もあるようです。予備校では幅広い試験範囲のなかで出題傾向や頻度を分析し、無駄なく最短ルートで筆記試験の突破を後押ししてくれます。筆者も公務員採用試験を受験した際には、某大手予備校にお世話になったものです。

　予備校などに通わず、独学で勉強を進める方法もあります。書店に足を運んでみると、公務員採用試験対策のために専用のコーナーが設置され、書棚には膨大な数の書籍が並び、その種類も自治体ごと、職種ごと、科目ごとなどと充実しています。かつて支援した学生のなかには、「様々な所得層の人を支える公務員になるために、数十万円の予備校費を払わなければいけないのはおかしな話だ」と、書籍のみで独学し、合格していった人もいます。

　予備校の活用も書籍での独学も、どちらが正解とは一概に言えません。ただ一つ確かなことは、膨大な量の筆記試験対策を試験当日までに完了させるための計画性と、継続的に勉強を進めていく精神力が不可欠であることに間違いありません。

## 2. 就活が遅れることへの焦り

　学生のキャリア支援をしていて感じることは、公務員を目指す学生は「孤独を感じている」ことです。民間企業の採用選考は、（最近は早期選

考も増えてきましたが）就活解禁日がある程度は統一されており、そこから一斉に採用活動が動き出します。周囲の仲間がリクルートスーツを身にまとい、説明会や面接に参加し始めるので、情報交換やお互いの内定獲得に向けて励まし合うことなどが自然と行われやすいのです。

それに対し、**公務員採用試験は、そのスタート時期がずっと後**になります。比較的早い東京都や特別区でも一次の筆記試験が５月上旬、広域自治体や政令指定都市が６月下旬、もっと遅く７月や９月に試験日を設定する自治体もありますが、この頃には民間企業が既に内定（表向きは内々定）を出し始めています。つまり、民間就職の内定に喜ぶ仲間の姿を見ながらようやく採用選考のスタートを切る、というのが公務員受験者の置かれている状況です。「取り残された」気持ちになるのも、うなずける話です。

こうした焦りや不安と上手に付き合っていく心の強さも、公務員受験者には求められているのです。

## 3．限られた持ち駒

民間企業の採用選考を考えている就活生が頻繁に口にする言葉に、「エントリー数」があります。これは、企業に対して「興味、関心がある」という意向を示し、企業に応募した数のことです。個人差はありますが、民間企業の就職活動であれば、エントリー数として100社程度、そのなかで実際に採用選考に挑戦する企業が20社程度といったところでしょうか。

これに対して公務員の場合、エントリー数を増やそうにも増やせない事情があります。前節のスケジュール表でお気づきかもしれませんが、多くの場合、近隣や近い規模の自治体では一次試験（筆記試験）の日程が同日に設定されています。まれに独自日程で一次試験を実施する自治体もありますが、それでもせいぜい５〜６自治体もエントリーできれば多い方でしょう。民間就職と比べ、圧倒的にチャンスが少ないのです。そのため、公務員受験者は、限られた持ち駒の一つひとつに対して、丁寧な対策を講じることが求められることになるのです。

# 3 / 変化しつつある公務員採用試験

## 1. 民間に近づく筆記試験

　前の項目では、公務員採用試験は難易度が高いことをお話ししましたが、近年はこの傾向が変わりつつあります。これは採用する人材について、「単に勉強さえできればよい」という考えではなく、「地域のために活躍してくれる人材を的確に採用したい」という自治体の想いの表れであり、姿勢としては評価できるところです。

　特に顕著に表れているのは、民間企業と同じレベルの筆記試験を導入する自治体が増えつつあること。従来の筆記試験は、いわゆる公務員試験（教養試験や専門試験）の対策をしていなければ対応することが困難でした。しかし、第1節でも少し触れましたが、最近ではSPIやSCOAなど、民間企業の採用選考で用いられている適性検査テストを一次試験として課す自治体が、市役所を中心に増えてきています。つまり、民間企業への就職を考えている人も、公務員試験を受験しやすいようになってきているのです。自治体サイドの狙いとしては、より広く受験者を募り、優秀な人材の確保に努めたいということでしょう。

## 2. 大きくなる面接試験のウェイト

　これによって、重要になってくるのが面接試験です。より多くの人が筆記試験を受験しやすくなるということは、ライバルが増えることを意味します。公務員を第一志望として考えている人にとっては、面接試験の際にそのなかに埋もれてしまわないようなパフォーマンスが求められることになるのです。特に、民間就職試験の経験者の多くは、既にいくつかの選考を経験しているため、面接に慣れています。筆記試験対策に多くの時間を割いてきた公務員専願者にとっては強敵です。

　一方で、民間企業と公務員を併願している人も油断は禁物。民間企業と公務員の仕事との違いを理解していなければ、公務員だけを目指して

きた専願者と競ったうえで、面接選考を突破していくことは難しいからです。民間企業とは目的も内容もやりがいも大きく異なる公務員の仕事。このことをきちんと理解したうえで、選考に臨まなければなりません。

　「公務員になりたい」あなたは、その想いを面接官にきちんと伝えるための対策が必要なのです。

第1章

第2章

第3章

第4章

第5章

第6章

# 4 / 面接で受験生の何が見られているのか？

　民間企業では、あなたが提出した「応募書類」は最初の書類選考だけでチェックされ、その後の選考では評価対象にされないことも少なくありません。しかし、書類選考がほぼない公務員採用試験では、面接の際にもあなたが提出した応募書類は重要な役割を担います（自治体によっては、面接の前に改めて「面接カード」を提出させる場合もあります。また、面接の当日に記入させる自治体もあります）。いずれにしても、<u>仕事で膨大な文書を扱う公務員の性格上、あなたが提出した書類は細かくチェックされる</u>と考えておきましょう。

　そのうえで、面接試験では、そのさらに深いところを探ってきます。例えば、事前に提出済みの「志望動機」のなかで「防災に関心がある」と書いていたとします。それを読んだ面接官はどのように問いかけてくるでしょうか？　例えば、以下のような質問が考えられます。

・なぜ防災？　福祉ではなく？　観光でもなく？
・防災に関心を持ったきっかけは？
・うちの自治体の防災施策を知っている？
・防災に関心のあるあなたは学生時代にどのような活動をしてきた？
・災害に強いまちづくりを進めるために今後どうしたらよい？　など

　これらのなかには、既に応募書類で言及しているものもあるかと思います。ただ、面接試験では、その<u>さらに深い部分を探るべく、いろいろな角度から質問が寄せられます</u>。面接官の狙いは一つ、あなたの「熱意」を確認するためです。熱意とは、すなわち本気度です。公務員の仕事や自治体職員として働くことに対するこだわりの大きさです。到底、一言で伝えられるものではありません。そのため、面接官との言葉のキャッチボールは、面接官の納得を得られるまで複数回にわたって繰り返され

ることになります。

　このほか、面接官はあなたの人柄も見ています。「自己PR」や「学生時代に力を入れて取り組んだこと」などが代表的な質問です。面接官はあなたとのコミュニケーションを通して、応募書類に記載されている内容と実際に対面して感じるあなたの印象とのギャップを確認しています。このとき、せっかく素晴らしい経験をしてきていても、<u>本番で上手に話せなければ肝心なところが面接官に伝わりません</u>。伝え方については何度も繰り返し練習し、あなたという存在を印象よく認識してもらえるようにしておきましょう。

　また、面接の形態によって、見られているポイントが異なる場合もあります。この点は第5章で解説しますので、そちらを参照してください。

# 5 / 「一問一答」の丸暗記では対応できない？

## 1．どんな面接のタイプがあるのか

面接は、しばしば「面接官とのコミュニケーション」と表現されます。初対面の相手と言葉を交わして分かり合う場ですから、その通りでしょう。

民間就職試験では、最近はフランクな雰囲気での面接も流行っているようです。面接という言葉を使用せず、「面談」という表現が用いられる場合もあります。また、選考の初期段階ではオンラインによる面接を導入する企業や「自由な服装でお越しください」と指示する企業も増えてきました。

しかし、公務員採用試験の場合は、フォーマルなスタイルの面接が一般的です。ごくまれに動画面接（動画を撮影し、アップロードや送付をして審査を受けるもの）などを行う自治体もありますが、かなり特殊な例だといえます。

まず想定しておくべきは、個人面接、グループ面接、グループディスカッションの3つです。すべての自治体の選考でこれら3つが行われるわけではありませんが、複数の自治体へのエントリーを予定しているのであれば、対策をしておいて損はないと思います。また、グループディスカッション対策は、論文対策にも直結します。自分では気がつかなかった視点や初めて耳にする先進的な事例などはノートに整理しておき、論文作成の際に使えるようにしておくと効率的です。

## 2．一問一答の暗記による対策の効果

ところで、あなたは他人とコミュニケーションを交わす際に、相手の反応や対応を「完璧」に予想することができるでしょうか？

……不可能ですよね？　面接対策の質疑応答を事前に想定しようとする準備は、この不可能に挑戦しようとしていることに等しいのです。

もちろん、過去の面接で頻繁に用いられてきた質問など、「ある程度」は予想できるものもあります。例えば、「自己PR」、「学生時代に力を入れて取り組んだこと」、「志望動機」などです。

〈代表的な質問例〉
・自己PR
・学生時代に力を入れて取り組んだこと
・志望動機
・あなたの長所と短所
・挫折経験
・アルバイト経験
・学校での研究テーマやサークル活動
・チームワークを発揮した経験
・周囲からどんな人と言われるか
・苦手なタイプの人
・ストレス耐性　など

　このようなよくある質問への対策としては、一問一答を考えておくことがよくなされます。予め回答を用意しておけば、幾分か気持ちは楽になります。時間さえ費やせば、回答を全て暗記することもできるでしょう。

　しかし、それでも毎年多くの受験生が面接選考で涙を呑んでいます。なぜなら面接の「本当の難しさ」は、一問一答の先にあるからです。

　何だかわかりますか？

## 3．本当に必要な面接対策とは

　それは、「追加質問や深掘り質問に対する応答」です。この部分の予想は非常に難しく、多くの場合、その場での臨機応変な対応を求められることになります。

　面接における一問一答対策の怖さは、つい回答探しとその暗記に注力

してしまい、その後の追加質問対策を後回しにしてしまうところにあります。先に挙げた〈代表的な質問例〉に対する応答を中心に、追加質問をイメージしながら、模範回答は作らずに、丁寧な対策を行うことをおススメします。そして、予想できない追加質問に対して、その場で臨機応変に回答をするためには、深い自己分析と自治体研究に加え、あなたのなかにストックされた情報の引き出しを適切に選び、素早く引き出す力が不可欠です。これらについては、第3章では自治体研究（の方法）を、第5章では面接対策についてでそれぞれ詳しく紹介していきます。

# 6 / 解像度の高い志望動機が必要

## 1．志望動機の質を高めよう

　追加質問や深掘り質問に対して一問一答対策が難しいのなら、どのように対策するか？　その答えは、「解像度の高い志望動機」を作れるか否かにあります。

　前述した「面接の質問例」にも挙げたように、志望動機自体がよく用いられる質問ですが、特に志望動機が重要な理由は、これ以外のすべての質問にも密接にかかわっているからです。この点は、志望動機の構成を細分化してみると理解しやすいでしょう。

　まず、「なぜ公務員を志望するのか？」──この問いに答えるためには、民間就活における「業界研究」のように、公務員はどんな世界で働いているのかを調べておかなければなりません。行政の仕事の役割、そこにあなたがどれだけ興味関心を抱いているのか、この点を整理しておく必要があります。

　次に、「なぜうちの自治体なのか？」──この問いは、あなたの熱意を確認しようとしています。他の自治体ではなく、うちで働きたい理由は何なのか？　民間就活では「企業研究」にあたる部分です。

　そして、まとめの部分で語られることが多い「自分の力や経験を公務でどのように活かしていきたいか？」──ここでは、自分の軸をしっかり確認しておくことが不可欠です。つまり、「志望動機」をはっきり明確なものにしておくことで、どのような問いに対しても受け答えすることができ、結果として熱意を伝えやすくなるのです。

　では、その志望動機はどのように作れば確固としたものにできるのか？　もうお分かりかと思います。自分の軸を固めるための「自己分析」と、熱意を伝えるために必要な「自治体研究」です。ただし、両者に取り組む際はそのバランスが大切になるため、以降で解説します。

## 2．取り組みやすい自己分析

　最近は、大学や高等学校でキャリア教育が行われるようになりました。なかでも、「キャリアデザイン」に関する講座は、学生が将来をイメージし、その実現のために「今をどのように生きるか」を考える機会になり得ることから、皆さんも一度は受講したことがあるのではないでしょうか。

　そのなかで、<u>最初のステップとして必ず行うものが「自分を知る」</u>です。これが最初である理由は、自分を知らなければ、夢や目標とのギャップを具体的に認識することができず、行動計画を立てられないからです。この「自分を知る」ためのアプローチのことを、一般的に「自己分析」と呼んでいます。

　自己分析は、自分自身を振り返り、内省しながら「自分らしさ」を言語化していくものであるため、比較的取り組みやすい作業だと思います。<u>答えの全てが「自分のなか」にある</u>からです。自己分析には様々な手法があるため、自分に合った方法を見つけて取り組んでみるとよいでしょう（おススメの方法は第3章で紹介しています）。自分自身に向き合う時間が多ければ多いほど、自分という人間を鮮明に捉えることができるようになるはずです。

## 3．出遅れやすい自治体研究

　これに対して、自治体研究は容易には進まないもの。答えが「自分のなか」にある自己分析とは異なり、<u>「社会のなか」にある答えを探しに行かなければならない</u>からです。

　多くの公務員受験者が自治体研究を始めるタイミングは、志望動機の作成が求められるときです。その後、自治体研究を深めようとするタイミングは、面接試験に臨むときです。そして、多くの受験生はそのときになって気がつくことになります。「自治体研究を行う時間が足りない」と。

　志望自治体の魅力を言葉にしようとしても、その実態を把握できていなければ難しいです。さらに、公務員の仕事のリアルを知らなければ、

自分の強みとの関連づけもできないでしょう。究極的には現地に足を運び、自分の目で見て得られる情報に勝るものはありません。

　また、リアルを知るためには、公務員の声に触れるのも近道です。第4章では、筆者がこれまで指導して送り出してきた現職公務員たちに対し、どのような仕事や働き方をしているかについて尋ねたインタビューをまとめましたので、ぜひ読んでみてください。

## 4．よい志望動機を作るために

　自治体研究が不十分な状態で書き上げた志望動機は、輪郭がぼやけ、内容も薄いものになります。画像で例えるなら「解像度が低い」状態といえます。こうした志望動機は、現役の公務員である読み手の立場からは、

　**「公務員の仕事を理解していないのではないか」**

　**「他の受験生と同じことを言っている」**

　**「なぜ公務員を志望するのかが伝わってこない」**

といったネガティブな印象を持たれることになります。つまり、志望動機の「解像度」が合否を分けることになるのです。

　次の第3章では、「解像度の高い」志望動機を作るための具体的な方法について説明していきます。自己分析だけでなく、自治体研究も同じレベルで鮮明にしていくことで、面接官はもとより、あなた自身も心から納得できる志望動機を作り上げることができるでしょう。

# 志望動機形成の
# コツ

第2章では、公務員採用試験において「志望動機」が重要であることを説明しました。筆記試験対策はもちろん重要ですが、最終合格を勝ち取るためには自分自身や自治体をより深く理解したうえでの志望動機が欠かせません。ここでは、その志望動機をどのように作っていくかについて学びます。

また、皆さんのなかには、あまり優先度は高くないが滑り止めとして受験する自治体がある方も多いのではないでしょうか。そうした受験生のリアルな実状を踏まえた志望動機の作り方についてもアドバイスを盛り込みましたので、是非参考にしてください。

1．公務員を目指すきっかけは何だった？
2．「何となく」から志望動機にするために
3．志望動機をいかに上手く伝えるか
4．就活で行う「自己分析」とは
5．有意義な「自治体研究」とする方法
6．「独り善がり」な志望動機に要注意
7．縁もゆかりもない自治体の志望動機は？

# 1 / 公務員を目指すきっかけは何だった？

## 1．改めて「解像度の高い志望動機」とは

　志望動機は、初対面の相手（採用担当者/面接官）に、あなたの「熱意」を伝えるための大切な項目です。あなたが作成する志望動機には、あなたの本気度──仕事に対する本気度、その自治体の職員になろうとする本気度──が詰め込まれているはずです。これらを確認するために、採用担当者は応募書類や面接シートに書かれたあなたの志望動機を熟読し、面接官は面接試験の際に深く追求してくるのです。

　もし、あなたの志望動機が表面的でぼんやりとした「解像度の低い」ものだったとしたら、面接官はどのような気持ちになるでしょうか。

　**「とりあえず受験しただけなのかな」**

　**「他の自治体（本命）の対策が忙しかったのかな」**

　といった寂しい気持ちであなたと向き合うことになります。


　就職活動を「お見合い」に例えるとすれば、「解像度の低い」志望動機は、「あなたには少ししか興味がありません」と言っているようなものです。自治体研究に時間を費やすことをせず、寄せ集めの情報と先入観で強引に構築した内容では、想いは伝わりません。なにより、相手に対して失礼です。

　受験生の多くは、自己分析には熱心に取り組もうとします。自分を知る作業は、大学主催の講座や様々な書籍で「How to」が紹介されており、また、結果を友人と共有できることから、興味深く取り組むことができる人もいるでしょう。それと同じくらい、相手（志望する自治体）にも興味を持ってください。自分への興味と同じくらい自治体にも興味深く目を向けてみること。このバランスが、あなたの「本気度」を自治体に届けるうえでの重要なポイントとなります。

## 2. 「何となく」と言っていないか？

　様々な仕事があるなかで、あなたはなぜ公務員を志望するのでしょうか？　筆者は毎日のように学生面談をしていますが、そこでよく耳にする学生の言葉のなかに、気になるものがあります。それは、「何となく」という言葉です。公務員採用試験と民間就職試験の難易度を単純に比較することはできませんが、前章でも触れたように、公務員になることは決して楽な道のりではありません。「何となく」といった、あいまいな気持ちで取り組むことができるでしょうか。

　このような学生にカウンセリングを進めていくと、多くの場合、考えることを放棄していることがわかります。「なぜ公務員に？」と問われたから、反射的に「何か答えなければ」と反応した際の言葉につくのが、「何となく」なのです。そんなとき、本心を探るべく傾聴していくと、それぞれに公務員を目指したきっかけが明らかになってくるものです。例えば、

　「営業は嫌だけど、事務ならやれそう。そのなかで公務員は安定してるイメージがあるから」
　「実家から通える職場で、できることなら転勤をしたくないから」
　「土日がしっかり休みで残業も少ない職場で働きたいから」
　など。

　このように、「何となく」の裏には実に様々な本心が隠れています。自分の気持ちの少し奥をのぞいてみて、まずは正直になってみてください。そこには、あなたが「公務員を目指そう」と考えるようになった「きっかけ」が、必ずあるはずです。

## 3. 給与や待遇といった「現金な」志望動機は？

　「きっかけ」が志望動機の基になるのは確かですが、給与や待遇といった現金なきっかけを、そのまま志望動機とするのは避けた方が無難です。採用選考は、あなたと採用担当者が互いをよく理解し、ともに働く仲間として良好な関係構築を図ろうとする場です。同時に、志望動機はあなたの「熱意」を確認するためのものになります。

確かに、給与や待遇はあなたにとってはとても大切な要素でしょう。しかし、それらを中心としたメッセージのなかに、採用側はメリットを感じられるでしょうか？　あなたを採用することによる期待感を得られるでしょうか？

採用担当者は、採用選考を通して、たくさんの受験生と接触しています。あなたはそのなかで他の受験生と比べ、「この人と働きたい」「この人に仕事を任せたい」と担当者に思ってもらう必要があるのです。あなたへの期待感を醸成する手助けになるのが応募書類であり、その期待感を確信に近づけていくプロセスが面接です。

地域と近い距離感で働く地方公務員を目指すあなたは、これから幅広い人間関係を構築していくことになります。その際に是非覚えておいていただきたいことは、<u>「人」を大切にすること</u>です。ここでいう「人」とは、「相手」と「自分」。どちらか一方に偏ってしまうと、長期的な関係は構築できません。それは、志望動機の作成においても同様です。あなただけのメリットを主張するばかりではなく、相手にとってのメリットも念頭に置きながら、志望動機に向き合ってみてください。なお、こうした「志望動機の独り善がり」のリスクについては、本章6節（P.63）で詳しく解説します。

## 4．きっかけが「他人に勧められて」だったら？

他人から「公務員を目指すといいよ」と言われ、なんとなくその気になっている人も、なかにはいるかもしれません。ここでいう「他人」とは、あなたにとってよほど信頼できる相手なのでしょう。公務員採用試験という、決して楽ではない道に「挑戦してみよう」とあなたを決断させたのですから。

信頼できる人の声は鵜呑みにしやすいために、「自分で考え、判断する」という、<u>志望動機を考えるうえで大切なプロセスを飛び越えて行動してしまう</u>ことがあります。保護者、尊敬する先輩、ゼミナールの先生など、その人の言う通りに行動した結果、これまで上手くいってきたのであればなおさらです。しかし、ここから先はあなたの人生。あなたと

公務員の仕事とのマッチorアンマッチは、あなた自身が確認し、納得しなければなりません。「他人に勧められて」はあくまでも「きっかけ」にすぎません。

　「公務員という仕事の存在を知る」という貴重な機会を提供してくれた「他人」に感謝しつつも、これからは「自分」の責任と判断で、公務員としてのキャリアを手繰り寄せていきましょう。

第1章

第2章

第3章

第4章

第5章

第6章

# 2 / 「何となく」から 志望動機にするために

### 1.「きっかけ」≠志望動機

　前節で言及したように、「きっかけ」は、しばしば「志望動機」と混同されます。「きっかけ」とは、あなたが「公務員という仕事の存在を知る」ことになった機会や経験のことです。人は、知らないことに興味を持つことはできません。興味を持ったということは、何らかの「きっかけ」によって、あなたは公務員という仕事の存在を知ることができています。そして、「目指してみよう」と思い立ったわけです。

　一方で繰り返しになりますが、「志望動機」は公務員の仕事に対するあなたの「熱意」を伝えるものです。「きっかけ」が「公務員という仕事の存在を知る」ものであったのに対し、「志望動機」は「公務員の仕事を理解する」ことが前提として必要になります。「知る」と「理解する」。これが「きっかけ」と「志望動機」の違いです。「志望動機」を作成する過程においては、仕事について調べて「その重要性を理解」し、やりがいを学んで「自分の価値観が満たせることを理解」し、求められる力を知って「現状とのギャップを理解」し、最終的に公務員として働く将来像に自分自身を重ね合わせていくことになります。「きっかけ」の上に、様々な研究と思考のプロセスを積み上げたものが、「志望動機」の土台を形成することになるのです。

**【「きっかけ」は志望動機の土台】**

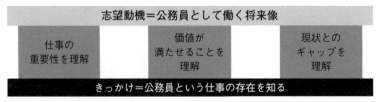

## ２．志望動機にするための具体的思考法

　志望動機の完成度を上げるための材料として、様々な情報収集をする必要があることは言うまでもありません。第２章第６節（⇒P.32）で述べた「自治体研究」のことですが、大切な準備ですので必ず行うようにしてください。

　一方で、志望動機に悩む多くの人が直面する壁、それが「面接官の納得」を得られ、かつ「本音」の志望動機を完成させるというもの。この二つを両立させるためにはちょっとしたコツがあります。ポイントは、新しい「本音」に気づく（創り上げる）ということです。

　これまで、あなたは公務員の仕事をどのように捉えてきましたか？「安定している」「地元で働ける」など、自分本位の視点で捉えていませんか？　そのこと自体を否定する必要はありません。あなたの人生なのですから、自分自身の欲求を尊重しようとするのは自然な思考だと思います。

　しかし、ここでは、新しい「本音」に気づくために、次の問いを考えてみてください。

　『**公務員の存在意義は何でしょうか？**』

　例えば、あなたが地元の市役所を志望しているのであれば、その市役所やそこで働く職員について考えてみてください。都道府県庁の場合も同様です。なぜ公務員は必要なのでしょうか？　彼らがいなくなってしまったら誰が困るのでしょうか？

　公務員がいなくなって困ることとして、
　「**道路の整備が行われなくなる**」
　「**清掃やごみ収集がなくなってまちが汚くなる**」
など、まちづくり全般について心配した人もいるでしょう。また、
　「**保育園に子どもを預けられなくなる**」

「生活保護費が支給されない」

など、福祉面に想像を膨らませた人もいるかもしれません。さらに、

「災害時の対応が遅れる」

「避難物資の支給が不安」

など、緊急時のことを懸念した人もいるでしょう。

　これらはいずれも正解です。公務員の仕事は幅広く、住民の心配ごとの大部分に関連しているものばかり。先の問いに対してあなたが描いた答えは、あなたが公務員に対して感じている必要性にほかなりません。そして、あなたは今、そんな役割を担う公務員になろうとしているのです。

　あなたが描いた「公務員の存在意義」に対して、あなたが志望する自治体が実際には何を行っているのか？　それはこれから調べればよいだけのこと。それよりも大切なことは、あなたが公務員の仕事をどのように認識しているか、ということです。

　これこそが、あなたの新しい本音。決して自分本位ではなく、「面接官の納得」を得られる志望動機の土台になり得るものなのです。

第1章

第2章

第3章

第4章

第5章

第6章

# 3 / 志望動機をいかに上手く伝えるか

## 1．志望動機を伝えるのに必要な「熱意」

「きっかけ」からつくり始めた志望動機を構成していく方法は、決して一通りではありません。「絶対にこの型でなければならない」というものはないのです。この章で最初に述べましたが、志望動機のゴールは「熱意」がきちんと伝わるかどうか。<u>「熱意」が伝わりさえすれば、それは立派な志望動機として機能しています</u>。

ところで、志望動機で「熱意を伝える」とは具体的にどういうことなのでしょうか？　筆者は、以下の2つを伝えることだと考えています。

**①なぜその自治体なのか？**
**②職員として何をやりたいのか？**

伝えられますか？　<u>この2つの問いに向き合うことは、あなた自身の公務員としてのキャリアデザインに等しい作業</u>です。時間がかかるかもしれませんが、後回しにはしないでください。調査をし、知識をつけ、時には自治体のイベント等を体験したり、住民や現場で働く公務員の声に触れたりしながら、あなたなりの答えを見つけてください。あなたの知識や理解、そして様々な経験に裏打ちされた答えは、力強い自信とともに面接官に届くはずです。これこそが「熱意」です。

## 2．「熱意」の効果的な伝え方

順番に見ていきましょう。

①については、民間就活の志望動機と同様です。<u>たくさんある求人のなかで、あえてその組織を選んだ理由</u>を述べるわけです。「たくさんエントリーしているなかの一つなのか」それとも「**本当にうちで働きたいのか**」。この確認は、採用担当者の大切な仕事の一つ。したがって、そ

の判断がつきやすい志望動機は好印象を与えることになります。例えば、「貴市で開催されている『未来共創会議』は、多くの住民がまちづくりに参加する機会として大変有意義な取り組みだと考えます。このように住民の声を大切にしておられる貴市の一員として地域の人と人とを繋ぎ、様々な地域課題の解決に挑戦してみたい……」このように言及できれば、

「**よく調べて**くれている」

「うちで**働くイメージが明確**だな」

と印象づけることができるでしょう。

　次に、②について。一見すると①と同じように考えていけばよいように思えますが、実はここに大きな落とし穴があります。それは応募書類における志望動機を書くスペース。自治体によって志望動機欄のスペースは異なりますが、一例として志望動機を200文字以内で記入することを求められているのであれば、その内容はザックリとしたものにせざるを得ません。「商店街活性化に取り組みたい」、「子育て支援に携わりたい」程度の内容で書いておけば、書類選考上は特に問題はないでしょう。

　しかし、400文字を超えて具体的に記入することを求められるケースや、面接選考の質疑応答に対応する際には、細かな内容が求められるため、その仕事を深く理解できていなければマイナス評価につながる場合があります。

　例えば、「商店街の活性化」の重要性は受験生の誰もが理解しているところですが、これに対して、基礎自治体（市区町村）の職員としてすべきこと（または、基礎自治体の職員の立場でできること、できないこと）について説明できるでしょうか？

　同様に、広域自治体（都道府県）の職員としてすべきこと（または、広域自治体の職員の立場でできること、できないこと）について説明できるでしょうか？

　このあたりの理解を深められていない場合、応募書類に記入した「志望動機」の内容が、選考中に自分自身の首を絞めてしまう可能性もあり

得ます。したがって、志望動機作成時にはしっかりと熟考し、面接時の質疑応答の際、面接官から投げかけられる問いに対する答えを作り上げる材料をその場で用意できるよう、<u>記入する内容を「選ぶ」ことが大切</u>です。

## 3．簡潔かつ論理的に構成できるPREP法

さて、それでは志望動機を具体的に構成してみましょう。既にお伝えしたように、志望動機に決まった型はありませんが、分かりにくい・読みにくい構成はNGです。簡潔かつ論理的に構成するようにしましょう。このときにおススメな方法は、『PREP法』です。これは、<u>理由を強調する構成法</u>として、ビジネスシーンのさまざまな場面でも使用されています。

**【PREP法の概要】**

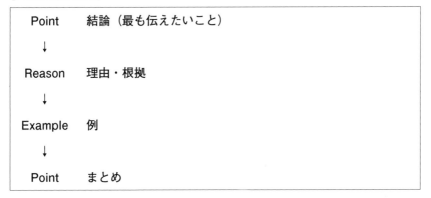

「PREP」とは、図のように
①**最も伝えたい結論**（Point）
②**その理由・根拠**（Reason）
③**その具体例**（Example）
④**改めてまとめの結論**（Point）
の頭文字をとっています。最初に結論を伝えることで相手に主張をまず伝えることができ、続いてその理由を補強し、最後にもう一度結論に触

れることで説得力のある論理構成にすることができます。試しに、「好きなバナナのよさを広めたい」内容で、具体的な活用例をみてみましょう。

【PREP法の活用例】

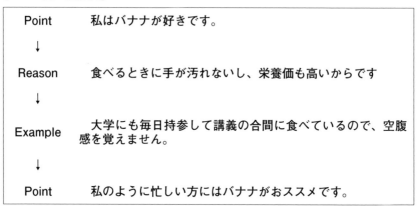

| Point | 私はバナナが好きです。 |
| :--- | :--- |
| ↓ | |
| Reason | 食べるときに手が汚れないし、栄養価も高いからです |
| ↓ | |
| Example | 大学にも毎日持参して講義の合間に食べているので、空腹感を覚えません。 |
| ↓ | |
| Point | 私のように忙しい方にはバナナがおススメです。 |

　最初に「バナナのよい点（R）や活用例（E）」を詳しく説明するよりも、まず「自分が好きである」ことを簡潔に述べることで、その「熱意」が伝わってくるのではないでしょうか。

## 4．PREP法で志望動機を組んでみよう

　それでは、志望動機を構成する最初のステップとして、先ほどの①②の要素について防災政策の観点を起点にし、実際にPREP法に言葉を当てはめてみましょう。

【例①：なぜその自治体なのか？】

| | |
|---|---|
| Point | 住民を巻き込む地域防災施策が行われているところに共感した。 |
| ↓ | |
| Reason | 有事の際の対応は時間との勝負であるため、住民同士の共助の関係性が不可欠であるから。 |
| ↓ | |
| Example | ●●市では、定期的な防災訓練に行政が積極的にアドバイスをし、訓練の質の向上に取り組んでいる。 |
| ↓ | |
| Point | 入職後は、「相手を観察し良好な関係性を築く力」を活かし、地域の声に触れ、地域の状況に合わせた防災対策の在り方を提案できる職員を目指す。 |

【例②：職員として何をやりたいのか？】

| | |
|---|---|
| Point | 地域防災に関する仕事に携わりたい。 |
| ↓ | |
| Reason | 大学で参加した地域防災ボランティアで、地域のつながりが有事の際の大きな力になることを学んだから。 |
| ↓ | |
| Example | ●●市では、定期的な防災訓練に行政が積極的にアドバイスをし、訓練の質の向上に取り組んでいる。 |
| ↓ | |
| Point | 入職後は、「相手を観察し良好な関係性を築く力」を活かし、地域の声に触れ、地域の状況に合わせた防災対策の在り方を提案できる職員を目指す。 |

　いかがでしょうか。どちらも言っていることはほとんど変わりませんが、印象が違って見えるでしょう。

第1章

第2章

第3章

第4章

第5章

第6章

例①は、自治体の特徴に焦点をあてた構成です。その自治体の施策、取り組みに共感し、だから自分もその一員として尽力したい、という想いが伝わってきます。一方で例②は、職員としてやりたいことに焦点を当てて構成されており、自治体職員の仕事に対するこだわりが感じられます。

　どちらの構成が正しい、ということはありません。これらの骨子をベースに肉付けしたりそぎ落としたりしてブラッシュアップし、自分の想いや施策の調査結果（現状、課題、今後の在り方など）を併せて整理しながら、「熱意」が伝わる志望動機を、そして面接時の質疑応答に対応可能な志望動機をつくり上げていきます。PREP法に取り組む際は、白紙のフローチャートが第6章にありますので活用してください。

**【PREP法による志望動機形成フローチャート】**

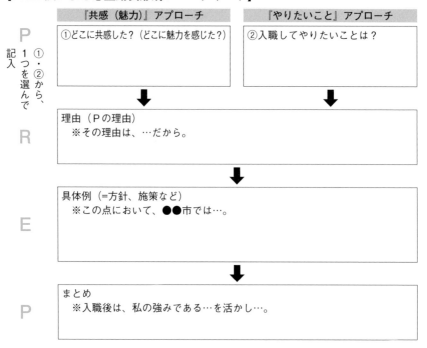

第1章

第2章

第3章

第4章

第5章

第6章

# 4 就活で行う「自己分析」とは

## 1．志望動機にも自己分析を使う

　自己分析を行って生み出される文章について、多くの人は「自己PR」を連想するのではないでしょうか。もちろん、自己PRの作成において自己分析は必要不可欠です。しかし、<u>志望動機の作成にも自己分析が必要</u>なことに気づいている人は、残念ながらあまり多くはないようです。

　先ほどの例①と例②を振り返ってください。どちらも最後のPointで、自分の強みを仕事に活かすイメージが述べられています。「入職後は、『相手を観察して良好な関係性を築く力』を活かし…」の部分です。ここでは自分を採用することのメリットを採用担当者に伝えています。こうした記述は、自己分析なくしてできるものではありません。このように、自己分析は志望動機の作成においても大切なプロセスなのです。

## 2．一人で取り組めるおススメ自己分析手法

　さて、一口に自己分析といっても、その方法は多種多様です。自分史を書く、家族や親しい友人からのフィードバックを受ける、ナビサイト等の診断ツールを活用する、キャリアカウンセリングを受けてみる……等々。何が最適か迷ってしまうかもしれません。

　そんな方にキャリアカウンセラーとして活動している筆者が最もおススメする方法は、もちろん「キャリアカウンセリングを受けてみる」ですが、アポイントをとったり、面談ブースを訪れたりすることを、少々面倒に感じる方もいるでしょう。そこで、ここでは<u>個人で取り組めるおススメの自己分析手法として、「エピソードから"あなたらしさ"を連想する」方法を紹介</u>したいと思います。これは、筆者がキャリアカウンセリングを行う際にもよく用いる方法です。

以下のエピソード（事例）を見てみましょう。

あなたはカフェのホールでアルバイトとして働いています。今年で3年目のベテランです。仕事に慣れているあなたは、自分の担当エリアのテーブルを渡り歩き、テキパキと仕事をこなすことができます。一方、後輩が担当するエリアは呼び鈴が鳴り続け、食器が片付けられていないテーブルもあります。そんなとき、あなたは後輩の担当エリアにフォローに入り、お客様を対応し、テーブルを片付けてあげました。後輩からは感謝され、店長からも「頼りになる」と嬉しい言葉をいただくことができました。

さて、エピソードから見えてくる「あなたらしさ」とは何でしょうか？　もし、こうした行動を日常的に行っているのであれば、あなた自身はその素晴らしさに気がつかないかもしれません。実は、この点が自己分析の難しいところなのです。あなたにとって「当然の行動」が、他人から見ると「素晴らしい行動」に見える。このことに自分で気がつくのは容易ではありません。今回のようにエピソードを書き出し、「あなたらしさ」を連想する際には、できるだけ客観的な視点を意識して観察してみてください。

改めて、先ほどのエピソードを基に、「あなたらしさ」を考えてみましょう。

あなたはアルバイトスタッフですから、どれだけ頑張ったところで、その瞬間の時給がアップするわけではありません。自分の担当エリアだけ対応していても、後輩のエリアをフォローしても、給料に直結しないのです。そうであるなら、自分のエリアだけ対応していればいいと思いませんか？　なぜわざわざフォローに行くのでしょうか？　店長の指示があったのなら理解できます。しかし、あなたは自主的に行動しました。なぜでしょうか？

このように考えていくと、あなたが日頃どのような視点で仕事を捉え

ているかが浮き彫りになっていきます。

　あなたにとって仕事とは、組織（チーム）全体のパフォーマンスを上げることなのかもしれません。「自分が○○を完了させるため」ではなく、「店舗全体として○○を完了させるため」という視点で、周囲を観察し、行動を選択しているのではないでしょうか。このような資質は、社会人・組織人として評価されやすい強みです。

　新人の頃は自分のことで手一杯だったはずです。そんなあなたも、尊敬できる先輩にフォローされながら成長し、いつしか自分が「先輩」と呼ばれる立場になり、不器用な後輩の行動が気になるようになり……。少しずつ変化してきたあなたの「考え方」を味わいながら、今の「あなたらしさ」を見つけていきましょう。

## 3．エピソードから連想する手法の強み

　今回ご紹介した「エピソードから"あなたらしさ"を連想する」方法は、あなたらしさのなかに光る強みキーワードと、それを証明するエピソードをセットで準備することができる、というメリットがあります。

　一般的に行われる自己分析の多くは、「強みキーワードを幾つか見つけ、その後に裏付けとなるエピソードを探す」というもの。もちろんこの方法でも構いませんが、強みキーワードとエピソードの関係性には注意するようにしてください。ありがちなのが、エピソードが膨らみすぎてしまい、強みキーワードと関係のない内容になっているケース。こうなってしまうと論理性を疑われてしまいます。そのため、「エピソードが強みの裏付けとなっているか」については、慎重に確認する必要があります。

　その点で、今回ご紹介した「エピソードから"あなたらしさ"を連想する」方法は、一見すると順番が逆のアプローチですが、面接時に必ずと言っていいほど求められる「根拠」を、強みキーワードと矛盾のない形で準備することができるため、筆者はおススメしています。

## 4．自己分析と志望動機をどう結びつける？

　P.47の例①と例②はPREP法で志望動機の骨子を作成したものですが、自己分析の成果は後半部分に盛り込まれています。最後のPoint：「相手を観察し良好な関係性を築く力」の部分です。決まりはありませんが、志望動機に自己分析を盛り込む場合には、後半を選ぶ方がよいように思います。なぜなら、志望動機の目的は「熱意」を伝えることであり、そのためには「なぜその自治体なのか？」や「職員として何をやりたいのか？」を優先して伝える必要があるからです。したがって、「自分の強みを活かすイメージ」については、まとめの部分に添える構成がスマートです。

　では、実際に右のワークに取り組んでみましょう。第6章にも用意しているので活用してください。

## 【"あなたらしさ"連想ワーク】

ステップ1　あなたが力を入れて取り組んだことを記入してください。
　　　　　（頑張ってきたこと、継続していること、やりがいを感じていること、挑戦
　　　　　　したこと、など）

（例）3年間続けている飲食店でのホールのアルバイト
（例）新しいことに挑戦しようとして始めたアカペラサークル

ステップ2　そのなかで、印象に残っていることを具体的に記入してください。
　　　　　（工夫したこと、評価されたこと、困難を克服したこと、など）

（例）広い視野で客席を観察し、呼び鈴を鳴らされる前に対応したり、他の
　　　スタッフを積極的にフォローした結果、評価されることが増えモチベ
　　　ーションがアップした。
（例）苦戦している後輩の悩み相談に耳を傾け、粘り強くアドバイスした結
　　　果、活き活きと活動に参加してくれるようになった。

ステップ3　あなたがステップ2のように行動した理由を記入してください。
　　　　　（なぜそのように行動したのか？　何を考えたのか？　何を期待したのか？
　　　　　　など）

（例）お客様にご満足いただけないとリピーターになってくれないから。困
　　　っているスタッフをフォローするのはチームとして当然。先輩として
　　　の責任感があった。
（例）自分もスランプのときに先輩に助けてもらったから。せっかく仲良く
　　　なったので辞めてほしくなかったから。

ステップ4　以上を振り返り、どのような"あなたらしさ"が見えてきましたか？
　　　　　（強み、特徴的な考え方、姿勢、こだわり、価値観、など）

（例）チームワークが大切。観察力、行動力。組織の利益を考えて行動でき
　　　る。責任感。
（例）傾聴力。相手に寄り添う姿勢。粘り強さ。人間関係を大切にする。

第1章
第2章
第3章
第4章
第5章
第6章

# 5 / 有意義な「自治体研究」にする方法

## 1．自治体研究はいつから始めればいいの？

　早ければ早いに越したことはありません。<u>遅くとも、受験年の前年には始めておきたい</u>ものです。

　例えば、あなたが「観光」に関心を持っていたとします。そして、あなたが志望する自治体では、毎年７月に「七夕まつり」が盛大に開催され、市外からもたくさんの観光客が訪れています。また、11月には「産業まつり」が開催され、商工業の展示や地場産農産物の直売会で賑わいます。このような場合には、実際にイベントへ足を運んでみることをおススメします。現場では、本部テントを中心に、実行委員の方々が忙しく動き回っています。交通規制のタイミングや開会式の進行では、関係者の張り詰めた緊張感に触れることができるでしょう。それから、体調不良者の対応や駐車場の管理なども全て事前に想定したうえで運営されています。これらを是非現場で見てきてください。

　そして考えてほしいのです。イベントを開催する行政の狙い（期待）を。

　多くの受験生は、筆記試験の通過後に自治体研究を本格的に始めようと考えます。この気持ちは少しわかります。自治体研究を行ったとしても、筆記試験で落ちてしまったら、研究そのものが無駄になってしまうわけですから。しかし、それでも筆者は、受験年の前年には自治体研究を始めるように指導を続けています。その理由は、<u>筆記試験の通過後からでは充分な研究が難しいから</u>です。

　あなたが「観光」に関心を持っているのであれば、それを志望動機の軸に据えようと考えるはずです。そして筆記試験を通過後、、志望先の自治体の観光施策について語れるよう準備をすることになります。「七夕まつり」や「産業まつり」などの大規模なイベントなら、調べれば簡

単に様々な情報を収集することが可能です。ただ、ここで注意すべき点があります。それは、現場に足を運ぶチャンスの問題です。筆記試験の結果発表後から面接日までの数週間の間に、都合よく「七夕まつり」が開催されればよいですが、その可能性は極めて低いものですし、「七夕まつり」と「産業まつり」の両方に参加することは不可能でしょう。

こうした準備不足は、面接時のパフォーマンスに大きく影響します。「観光に関心があると主張しているのに主要イベントに参加したことがない」というのは、面接官の立場から見れば矛盾しているようにも思われてしまい、なにより、「熱意」に疑問を抱かれかねません。

現場に足を運ぶことで、インターネット上では得られない情報を得ることができるのは事実です。そして、これは他の受験生に対する大きなアドバンテージになります。そのためにも、自治体研究は時間に余裕を持って、できるだけ早期にスタートさせましょう。

## 2．具体的な自治体研究の方法とは

自治体研究のために「現場に足を運ぶ」といわれても、何をどうすればいいかわからない、という人もいるでしょう。ここでは具体的かつ有効な方法や手段について紹介します。

### ①自治体などのイベントに参加してみる

自治体研究の一つ目は、「1．自治体研究はいつから始めればいいの？」でも触れた「イベントへの参加」です。

例えば、地域イベントの代表的なものは「お祭り」です。農業振興を目的とした産業まつりを行う自治体もありますし、市民文化祭を大々的に開催する自治体もあります。ハロウィンやイルミネーションなどのクリスマスイベントが、行政主導で行われている場合もあります。イベントの狙い、効果を観察してみてください。地域の方々の交流が見られれば、それは地域コミュニティの構築にとって有意義なものと評価できますし、高齢者や障害者の作品の展示やパフォーマンスが行われていれば、社会福祉に貢献しているものといえます。逆に、ゴミの散乱や治安の乱

れが確認できれば、この点はイベントの改善点として指摘することができます。このように、ただの参加者ではなく公務員の視点でイベントに足を運んでみることで、自治体を研究することができるのです。

## ②実際に行政サービスを受けてみよう

二つ目として、「行政サービスの体験」です。これは筆者が学生たちに指導する際、必ず行うよう伝えているものです。

例えば、子育て中の母親になりきってバスに乗って役所に向かいます。赤ちゃんを抱っこし、畳んだベビーカーを持っている状況です。バスを下車し、歩道に降りたとき、そこに、ベビーカーを開くスペースはありますか？

歩行者を気にせずベビーカーを開くスペースを設けている自治体もあります。こうした体験を通して、あなたが志望する自治体の弱者保護の姿勢を感じることができると思います。

また、庁舎に足を踏み入れてキョロキョロしてみてください。職員が声を掛けてくれますか？　それとも、誰も気づいてくれませんか？

窓口を見てみてください。車椅子の方用の低めのテーブルは用意されていますか？

様々な立場の住民になりきって観察してみると、自治体のよい点や課題点が見えてきます。

さらに、行政サービスの体験として筆者が学生たちにおススメしている方法は、観光PR関係の部署の窓口を訪問してみる、というものです。

「友人が遊びに来るため市内を案内したい」という名目で、観光地や食事処を問い合せてみてください。その際の職員の対応は自治体によって様々です。パンフレットだけを渡して終了する自治体もあれば、いろいろな職員が代わるがわる窓口に出てきて対応してくれる自治体もあります。なかには、地図を広げて細かく書き込んでくれ、渡してくれる自治体もあります。丁寧な対応を受けると、あなたの自治体に対する信頼感や親近感が高まることでしょう。

住民との距離感を大切に考えている職員は、共通して窓口対応に手を

抜きません。あなたが働こうとしている自治体はいかがでしょうか？このような方法で自治体研究をしてみると一緒に働く方々の様子を知ることができるはずです。

### ③ホームページや図書館で施策を把握

　三つ目は、「施策の把握」です。あなたが志望している自治体が、どのような課題に対してどのような施策を講じているかを、単純に調べてみることです。これらは基本的にはホームページで把握することができます。

　とはいえ、自治体の施策は様々な部署が計画を策定し、それに基づいて日々の公務を行っています。計画やプランをホームページから確認することもできますが、ボリュームは膨大です。そのため複数のプランを比較したい場合などは、PCの画面上だけでは大変かと思います。そこで利用したいのが、公立図書館です。

　各種プランは公立図書館でも閲覧可能で、しかも紙の資料でまとめられたものが多く存在します。筆者の教え子たちは、図書館の受付で各種計画書を借り、複数の冊子を広げて情報をノートに整理していました。また、自治体が特にその年に力を入れて取り組もうとしている施策については、広報誌の1月号で市町村長や都道府県知事の「念頭の挨拶」のなかに確認することができる場合もあります。図書館でファイリング保存されているので、一度見てみるとよいでしょう。そのなかで、興味関心のある分野が見つかれば、整理をしておくようにしてください。なお、広報誌のバックナンバーは自治体のホームページ上から閲覧できるようになっているところもあります。

## 3.「議員の力」を借りられる意外な方法

　効率よく自治体研究を行う方法として、「議会の議事録」の閲覧もおススメです。自治体のホームページを開くと、必ず議会の議事録に誘導するアイコンが設定されています。そこをたどっていくと、議事録の検索システムが用意されています（一部、小規模な自治体などでは導入さ

れていないケースもあります)。

　例えば、あなたが「若者の自殺の予防」に関心を持っていたとしましょう。その場合、検索窓に「若者の自殺」などと入力し、検索をかけてみてください。すると、膨大な量の議事録のなかから「若者の自殺」について話し合われた議事のみを閲覧することができます。

　議事録は話し言葉で書かれています。最初は慣れないかもしれませんが、とても勉強になるので是非読んでみてください。議事の進行は、通常、「議員からの質問」→「行政からの答弁」の流れで進んでいきます。

　まず注目すべきは、「議員からの質問」です。ご覧いただくとわかりますが、一つの質問をするのに驚くほどのボリュームの議事録が残っています。それだけ、多くのことを喋っているということです。なぜ、簡潔に質問のみをしないのでしょうか?

　それは、議会の場において質問をするという行為は、議員にとっては「自分は地域のことをこれだけ考えていますよ」というアピールの場だからです。そのため、ただ質問をするだけではなく、

　　「この地域では○○といった課題があり、そのために××のように取り組んでいますが、住民のなかからは△△という声が聴かれます。それに対して□□すべきだと思いますが、●●市としてはどのようにお考えですか?」

といった形で質問を投げかけるのです。そうすることによって、議会を傍聴した人や議事録を読んだ人は、「あの議員さんは我々の課題をよく理解して、市に意見してくれた。あの人を当選させて正解だ」と満足することになります。

　そのため、議員は一つの質問を用意するためにとても時間をかけて準備しますが、受験生にとって、この議事録を利用しない手はありません。議事録には、地域の課題や地域の声などがとても分かりやすく詳細に整理されているからです。そして、それに対する自治体の取り組みは、「議員からの質問」の後に述べられている「行政からの答弁」中に示されています。これらの関係性を整理しておくことで、あなたの志望動機の「解像度」はより一層高くなるはずです。

## 4．自治体・仕事研究をまとめてみよう

　自治体研究をする際に、常に頭の片隅に置いておいていただきたいこと。それは、「自分が知っている情報は他の受験生も知っている可能性が高い」ということです。したがって差がつくのは、<u>一歩踏み込んだ情報収集ができているか否か</u>。この点は志望動機の解像度にも大きく影響する部分です。

　自治体研究で得られた情報を精査するため、そしてそもそも忘れないためにメモは欠かせませんが、片っ端から記録しようとしてもキリがありません。また、情報を見返そうとしたときに整理されていないと志望動機に結びつけることは難しくなります。

　そこで、<u>自治体研究の際にどのような情報を得る必要があるかを確認でき、メモや整理ができる『自治体・仕事研究ワークシート』</u>を紹介します。このワークシートのフローに沿って内容を埋めていくことで、自治体への理解を深めつつ情報を整理し、志望動機の解像度を高めていくことができるでしょう。具体的な使い方について説明しますので、P.61のワークシートを見ながら取り組んでみてください。

　まず、「<u>A志望する自治体名</u>」と「<u>B公務員を目指すきっかけとなった出来事</u>」を記入します。ここでは深く考えず、ありのままに書いてください。

　次に、点線で囲まれたフロー図を記入していきます。「<u>C知っていること</u>」は、あなたが日頃から実感している自治体の情報（自然が豊か、高齢化が進んでいる、温泉が多いなど）を箇条書きします。

　さて、いよいよここからが本格的な自治体研究になります。「<u>D最近の主要施策</u>」については、この節で紹介した自治体のホームページや広報誌を確認する方法で知ることができます。そのなかで興味の持てそうな分野はありましたか？　1つ2つピックアップして「<u>E興味ある分野</u>」に記入しましょう。

　そこからC〜Eを基に、「<u>F調べてみたいこと</u>」を挙げてみます。こ

こは、あなたの熱意の軸になり得るものです。できるだけ多く書き出すようにしてみましょう。調べ方はＤで使った方法など様々ありますが、取り組みやすい方法で情報にアプローチしてください。結果は「G調べてみた結果」に記入します。なお、ここでは①〜③のボックスを設けていますが、3つにこだわらなくて結構です。わかっただけ書きましょう。

　続いては下の段に移動し、「H課題と思われる点」を考えていきます。この項目は、日頃からあなたが感じている課題を挙げます。いわゆる、市民目線の課題を整理する工程です。

　そのなかから「I本当の課題は？」を探ります。あなたが課題だと思っていたとしても、実は、行政課題としては既にそれほど重要視されていないものも少なくありません。例えば、買い物弱者（買い物難民）問題。山奥の集落にぽつんとある温泉宿を訪れた際に、「このあたりに住んでいる高齢者の日用品の買い物は大変そうだな」とあなたが感じたとして、Hに「買い物難民対策」と記入したとします。しかし、調べてみると、地域のスーパーや八百屋などが移動販売車などで既に対応していることが明らかに──このようなケースでは、行政課題としてあえて優先的に取り上げる必要性はなさそうです。このような精査を丁寧に行い、自治体として取り組むべき本当の課題を整理してください。

　本当の課題が整理できたら、「J課題に対する自治体の取り組み」を調べます。多くの自治体では、課題に対してプランを設けており、現在進行形で改善に向けた取り組みを行っています。このボックスには、その取り組み時期、内容、具体的な計画があればその名称などを整理しておきましょう。そして、「K課題に対して取り組むべきこと」では、類似の事例に対して他の自治体がどのように取り組んでいるかを調べます。予算規模、地域資源の相違によってそのまま応用することはできないかもしれませんが、先進的な取り組みを調べて知っておくことは有益です。改善に向けたビジョンを描いておくことができれば、面接官とのコミュニケーションにも余裕を持って臨むことができるはずです。

　最後に、自己分析で得られた「L活かせそうな自分の強み」を入れま

す。あなたの強みは何だったでしょうか？　あなたという存在がいることによって、自治体の仕事にどのようなプラスが期待できるでしょうか？　GやKにどのような影響を与えるかを視覚的に捉えられるので、

**【自治体・仕事研究ワークシート】**

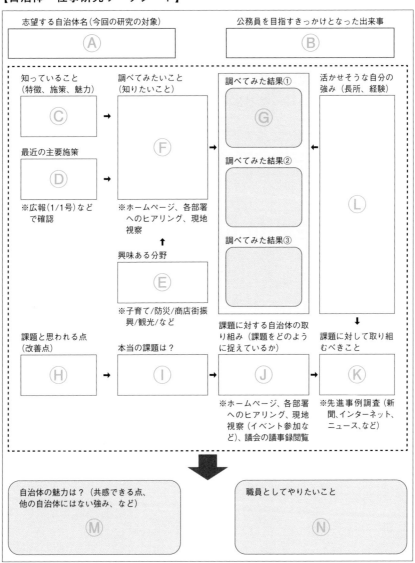

第1章

第2章

第3章

第4章

第5章

第6章

61

志望動機を構成していく際、自治体の仕事とあなたの強みを上手にリンクさせやすくなります。

　こうして整理できた情報を基に、「M自治体の魅力は？」と「N職員としてやりたいこと」についてまとめましょう。ここでまとめられた一歩踏み込んだ情報で表現された自治体の魅力と、自治体の仕事に対するあなたのこだわりが、志望動機の骨子を形成するうえで不可欠な材料になります。追加情報もどんどん書き加えながら、『自治体・仕事研究ワークシート』を充実させていってください。第6章には白紙の状態で収録しているので、コピーなどして受験する自治体について取り組んでいきましょう。

第1章

第2章

第3章

第4章

第5章

第6章

# 6 「独り善がり」な志望動機に要注意

　公務員に対する志望動機を作成する際に注意すべき点として、「独り善がりにならないこと」が挙げられます。これは最大の注意点とも言えます。

　よく見られる「独り善がり」の例は、以下のようなものです。

①雇用の安定に魅力を感じており、そのことを中心にアピールする。
②自治体の政策を一方的に批判し、改善策の提案をする。
③自治体の仕事を理解できておらず、強みを活かすイメージがズレている。

## 1．本音でも待遇の話はNG

　順番に見ていきましょう。①は志望理由の本音として、多くの方が抱いているのではないでしょうか。一般企業に比べて倒産とは縁遠い組織ですから、景気に左右されず経済的な安定を得られるという点は大きな魅力といえます。この点を理由に、我が子に公務員を勧める親も多いようです。

　しかしながら、①を志望動機で述べるというのは、志望動機の目的から大きく逸脱するものです。既にお伝えした通り、志望動機は「熱意」を伝えるためのもの。あなたの本音はどうであれ、あなたがつづった文章（面接の場面ではあなたの発言）に込められた「熱意」が面接官に伝わらなければ、一切評価されません。「安定しているから志望しました」というメッセージから「熱意」を読み取ってもらうのは至難の業です。

　したがって、たとえ本音は「安定」が公務員志望の決め手であったとしても、それをそのまま伝えるべきではありません。この点は、福利厚生など他の待遇面の場合も同様です。<u>「本音を伝える＝誠意」ではない</u>のです。あくまでも志望動機の原点に立ち返って、「熱意」が伝わるか

否かを考えながら構成していくことが大切です。こうした本音の代わりに伝えるための志望動機の気づき方については、第3章第2節（⇒P.40）で具体的に方法を解説しましたので、改めて確認してみてください。

## 2. 批判よりも魅力を語ろう

　次に②を見ていきましょう。皮肉なことに、②は公務員の仕事をとてもよく研究している受験生にときどき見られる内容です。

　行政の施策は、その内容や対応のスピードなどから、しばしば批判にさらされています。評論家のなかには、「もっとこうすれば効率的だ」と具体的な提案を示す方もいます。こうした情報に触れ、志望する自治体の施策を研究してみると、「なるほど、この点が課題なのだな」と合点がいく発見があるかもしれません。そして、志望動機のなかで「これだけのことを研究してきました」とアピールし、「もっとこうしたらよくなりますよ」と教えてあげたくなってしまうのでしょう。

　筆者は、職員になった後でこのような提案をするのには大賛成です。新人でもどんどん積極的に提案していくべきだと考えています。提案内容が見当違いであれば、上司や先輩がきちんと軌道修正してくれるからです。ただ、受験生の立場ではあまりおススメしません。採用担当者が志望動機を確認する際に抱いている期待は、「うちの自治体にどんな魅力を感じてくれているかな？」、「一緒に働いていけるだろうか？」というものが先立ちます。そのため、採用選考時においては、できるかぎりポジティブに志望先に向き合うことを心掛けてください。

　もちろん、研究を通して気づいた課題や改善案は、大切に整理しておくとよいです。面接のなかで、「うちの市が今後もっとよくなるためには何が必要か」と問われることも少なくありませんから。この場面でなら、採用担当者は「うちの自治体の課題を考えてくれているかな？」と期待しています。つまり、課題の指摘や改善提案を受け入れる心の準備が整っている状態です。そんなとき、あなたなりの考えを提案できれば、それはとても大きなプラス評価となるでしょう。

## 3. 自治体研究が足りないと空回りする

　そして③について。これはとても残念な「もったいない志望動機」といえます。志望動機の前半部分で「熱意」を伝える構成ができているにもかかわらず、後半部分で自分の強みを活かすイメージが実際の仕事内容とズレてしまっているケースです。原因は、仕事理解の甘さ。要するに「思い込み」です。

　あなたは公務員の仕事についてどれくらい理解しているでしょうか。「住民票を発行する窓口対応の仕事」や「税金などの金額をPCに打ち込む事務仕事」などはイメージしやすいところかもしれません。仕事に対する姿勢やスキルの観点からなら、「住民の声に寄り添う」や「地域の課題やニーズを把握する」などでしょうか。もちろん、これらは間違ってはいませんが、もっと具体的に理解できていれば、自分の強みを仕事にマッチさせるイメージを描きやすくなります。

　例えば、一般市民、企業、研究者など様々な関係者を招集して会議を開催することがあります。このような場面で求められる力とは何でしょうか？　資料を分かりやすく正確に作成する力でしょうか？　開催日時を決める調整力でしょうか？

　このような会議でありがちなのが、発言力のある人の独壇場になり、大人しい参加者が一言も喋らないまま終了してしまう、というケースです。これではわざわざ関係者を一堂に集めた意味はなく、後々のトラブルになりかねません。

　そのようなとき、参加者の声をバランスよく「引き出す」ことができ、多様な意見を「まとめる」ことができる職員の存在は貴重です。いわゆるファシリテーションスキルを備えた職員は、施策の立案やプランの策定の場面で頻繁に開催される会議の運営に貢献することができるのです。もし、あなたがこれまでの経験のなかで、他人の意見を引き出したり、まとめたりする力を発揮したことがあるのなら、是非伝えてみてください。会議運営の難しさをよく知っている公務員（面接官）の目に、あなたは「頼もしい人材」として映ることでしょう。

また、公務員の仕事には営業活動や調整・交渉などもあります。例えば、地元の特産品のPRのためにショッピングセンターの一角に商品の展示を依頼するケースや、公共施設の新設の際に、その後の運営を円滑に行うべく住民説明会を開催して地域の理解を得ようとするケースなどです。

　ここでは、相手の心理を考えながらアプローチする戦略的思考力や、諦めずアタックし続ける粘り強さなどが求められることになります。学園祭やアルバイトなど、学生生活を通してこうした力を発揮した経験はありませんか？　仕事をきちんと理解しておくことで、伝えるべきあなたの強みを適切に選べるようになります。

## 4．仕事への理解が志望動機を整える

　こうした仕事理解の方法については、OB・OG訪問が最もおススメです。5年程度のキャリアがある公務員なら人脈も広がっているでしょうから、自分の部署以外の仕事についても、おおよその雰囲気は把握できているものです。そうした先輩がいるようでしたら、接触して現場の声を聴かせてもらうとよいでしょう。自治体の仕事の善し悪しや、実際に働いてみて実感したリアリティーショック（イメージとのギャップ）など、今後のキャリア形成に役立つ有意義な情報を得られるはずです。

　このほか、正攻法として自治体説明会（採用説明会）やインターンシップに参加するという方法もあります。これらは部分的・断片的ではありますが、自治体職員の仕事のリアルな部分に触れられるという点では、やはり有意義です。時間の許す限り参加してみましょう。

　本書でも、第4章で地方公務員のリアルな話を紹介しています。ぜひ、仕事理解に役立ててください。

# 7 / 縁もゆかりもない自治体の志望動機は？

## 1．地元や大都市圏は「熱意」を伝えやすい

あなたは、第一志望の自治体が既に決まっていますか？　ほとんどの方は、心のなかで既に決まっているのではないでしょうか。このように、一つの就職先に照準を定めて準備を進めていく就職活動の仕方は、幅広くエントリーする民間企業の就活生とは異なる公務員志望者の特徴といえます。

公務員志望者の多くは、地元の自治体や出身大学のある自治体を第一志望と考える傾向にあります。このほか、大都市圏（東京都や大阪府など）は、

「スケールの大きな仕事ができそうだ」

「先進的な取り組みに携われそうだ」

という理由から、地元を離れて志望する人も見られます。極めて前向きな志望理由であるため、「熱意」も伝えられることでしょう。

## 2．見知らぬ自治体の志望動機形成の実例

さて、ここで問題となってくるのが、縁もゆかりもない自治体にエントリーするケースです。まずは以下の事例を見てください。

M市（東京都）在住のサトウさん（仮名）は、生まれ育ったM市に貢献したいという想いでM市の採用試験（6月：筆記試験）に臨みました。しかし、筆記試験で落ちてしまいます。就職浪人するわけにはいかない状況であったため、自宅から通える範囲のH市（東京都）に急いでエントリーし、採用試験（9月：筆記試験）を受験し、見事に突破。無事に面接選考に進むことができました。

これは、筆者がキャリアカウンセリングを行った受験生のエピソード

ですが、このようなケースは少なくありません。いわゆる「滑り止め」という考え方です。実際に多くの受験生が複数の自治体にエントリーします。

　前ページの例でサトウさんが心配しているのは、「M市がダメだったから仕方なくH市を受けたのでは？」と思われてしまうこと。つまり、H市に対する「熱意」を疑われてしまうことでした。正直に本音で語るのであれば「M市がダメだったが就職浪人はできないため、日程的に受験可能であったH市にエントリーした」というところですが、さすがにそんなことは言えません。しかし、過去に訪れたこともないH市には、本当に縁もゆかりもありません。

　筆者がサトウさんと出会ったのはそんなときで、キャリアカウンセリングを通じてサトウさんの志望理由を深めていきました。そこで見えてきたのは、子育て支援に対する強いこだわりでした。この想いを「熱意」として、できることなら「H市でなければならない理由」として表現できないものかと試行錯誤した結果、たどり着いたのが「予算書の比較」です。

　行政において、福祉関連の歳出予算は「民生費」という科目に分類されます。そのなかの、子育て支援関連費の割合を分析したのです。

　M市とH市では財政規模がそもそも異なるため、単純に予算額での比較はできません。しかし、民生費のなかの子育て支援関連費の割合であれば、「様々な福祉施策のなかで子育て支援にどれだけ力を入れようとしているかが見えるのではないか」と考えたのです。

　分析の結果、H市の割合は、M市より格段に多いことがわかりました。そこでサトウさんは、子育て支援に力を入れようとしているH市の姿勢に共感し、そのことを根拠に「地元ではなくH市で子育て支援策に携わりたい」と伝えてみようと決意し、本番に臨みました。面接の翌日、わざわざ報告に来てくれたサトウさんの話では、「予算書まで分析してくれた受験生は初めてだ」と面接官に驚かれたそうです。そんなサトウさんは、現在、H市の職員として社会教育の現場で活躍しています。

## 3. 興味・関心から改めて自治体の特色を探ろう

　受験先が本命であっても滑り止めであっても共通して大切なこと。それはサトウさんが懸念していたように、自治体に対する熱意を疑われないことです。この点をクリアしないことには、説得力のある志望動機を構築できませんし、その先の選考を突破することも難しくなります。

　第3章を読んできて既に明確な方もいるでしょうが、まず行うべきことは、「自分の興味・関心（やりたい仕事・携わりたい分野）を明確にする」こと。これは一つに限定する必要はありません。注目しているなら、防災でも観光でも子育てでも複数挙げてみて構いません。そして、挙げた分野について、改めて「自治体の特色を探る」ことです。サトウさんの例では、「子育て支援に携わりたい」という興味・関心に基づき、H市の子育て支援の特色を探りました。その結果、自治体研究の段階では見えていなかった、「民生費の中の子育て支援費の割合が高い＝子育て支援に力を入れている」という特色を発見することができたのです。

　自治体には、それぞれに何かしら特色があります。莫大な予算を投じて大規模なイベントを開催する自治体や毎年何百万人も集客できる観光資源を備えた自治体などは、最初の自治体研究でもその特色を発見しやすいでしょう。一方で、そうしたものが目立たない自治体は無個性に見えるかもしれません。しかし、その地域の課題をよく調べ、自治体の活動を職員の仕事レベルで探ってみると、実は様々な工夫が講じられていることに気がつくはずです。

　最後に、興味・関心を持っている分野に関して、どうしても自治体の特色を見つけられない場合についてお話しします。例えば、観光に関心を持っていたとしても、受験しようとしている自治体が観光施策へ特に力を入れていなさそうなケースなどです。その際は、迷わず「自治体の特色を探る」ことだけを優先してください。そこで明らかになった特色が、たとえ今のあなたにとって興味・関心のあるものでなかったとしても、人事異動が繰り返される地方自治体職員の宿命として、将来的にその分野に携わる可能性もあります。これを機に理解を深め、やりがいを探ってみるのはいかがでしょうか。

# 地方公務員の
# リアルを知ろう

本章では、地方公務員として働くことを皆さんによりリアルにイメージしていただくため、筆者が近年行った現役公務員の方々へのインタビューを基に、公務員の仕事を裏側まで紹介します。

取り上げるのは、世間の関心も高い8分野。いずれも多くの自治体で主要施策として取り組まれているものです。

堅苦しい内容ではなく、ざっくばらんな座談会形式ですので、肩の力を抜いてご一読いただき、今後自治体研究に取り組む際の参考にしてもらえれば幸いです。

▌インタビュー内容

1. 商業振興

2. 子育て支援

3. 農業振興

4. 学校運営

5. 地域防災

6. 労働政策

7. 地域協働

8. 税務

# 1 / 商業振興

## Speaker
## A市役所　産業振興課　商店街振興担当　Tさん(男性)　入職3年目

## 住民と公務員との温度差

——商店街振興というと、具体的にはどういったお仕事を？

Tさん　僕の場合は商店街の活性化です。正直、難しい仕事ですよ。ときどき心が折れそうになります。自分がなんのために頑張っているのか分からなくなったり……。

　例えば、商店街でやってるお祭りやイベントがありますよね？　あれってたくさんの補助金が投入されているんですよ。その補助金をあちこちと調整して（予算を）とってくるのが僕たちの仕事なんですけど……役所のなかで副市長にGOサインを出させるのがどれだけ大変なことか。あとは県との調整も。市の単独予算だと充分に補助できないから県の補助制度を上手く活用して、あたかも県の制度の趣旨にマッチしているかのように申請書を作文する……これがとにかく重労働なんです。何度も県に出向いてプレゼンして、ダメだしくらって書き直して。僕が担当した仕事だと、商店街主催の活性化事業に対して県の補助金が二分の一、市の補助金が四分の一というのがあって、これは自分でも本当によく頑張って調整したと思っています。これだと商店街の持ち出しは少なくすむから負担も小さいので。

——それが、どうして心が折れることになるんですか？

Tさん　これだけ苦労して用意した補助制度を示しても、イベントの実

施に前向きになってくれないからですよ、商店街が。「頼むからそっとしておいてくれ」なんて言われたときは、さすがに辛かったなぁ。僕たち（公務員）と商店街との温度差を感じたものです。

　でも、僕たちも半分は仕方のないことだと分かっているんですよ。だってお子さんは企業に就職しているから店を継がせることはできない。そもそも継がせるつもりもないんじゃないかな。自分の代で畳んでしまおうと思っているわけだから、商店街を復活させるモチベーションなんてありませんよね。

　近くに大型ショッピングモールがオープンすれば、商店街で買い物をしようという人は少なくなります。あっちはきれいだし、若者向けだし、広告宣伝も上手いし。普通に勝負しても勝ち目はないですよ。「どうせ勝てっこない」と思っているから何をやっても無駄だ、と考えてしまうんだと思います。

——それでも支援しないといけない理由があるわけですね？

Tさん　市としては、そうですね。
　商店街振興を「お店のため」と考えるんだったら、とっくに支援なんてやめているかもしれません。だって当のお店に求められていないんですから（笑）。
　でも、商店街の価値ってもっと他にあるんですよ。

## 寂れても商店街の存続が必要な理由

——商店街の価値？

Tさん　そうです。買い物なんて大型ショッピングモールですればいいじゃないですか。実際、今はそうなっているわけだし。
　ところで、商店街を利用する人って誰だと思います？

——地域のお年寄りには利用されているんじゃないでしょうか。

Tさん　そうなんです！　一部のお年寄りが今でも利用しているんです。
　お年寄りの生活パターンなんて日々そんなに変化するものじゃないでしょ？　朝起きて、病院行って、買い物して、帰宅して、昼ご飯食べて、夕方のドラマ見て、夕飯作って食べて、風呂入って、寝る…みたいな。

——それって、すごい偏見……。

Tさん　まぁ、だいぶ偏見なんですけど（笑）。でも、ウチのおばあちゃんや近所のおじいちゃんはそんな感じでした。
　つまり、商店街を利用するお年寄りはだいたい同じ人で、同じ時間に同じ場所にいる傾向がある、ということです。だから、そこで小さなコミュニティを形成しているわけですよ。知っている顔に会ってちょっとした会話をしたりする。そして確認しているでしょうね、互いの近況や生存を。

——最近は高齢者の一人暮らしも多いですからね。

Tさん　まさにそこなんですよ。孤独死が問題になっているでしょ？家族がいなかったりすると発見が遅れてしまうこともあるみたいです。でも、商店街でいつも見かけるお年寄りが「あれ、今日は○○さん来ないね」ってなれば気になりますよね？　「一人暮らしだから心配だね。様子を見に行ってみようか」って。行ってみたら倒れてるのを発見できたりして。結果として見守りの機能が働くわけですよ。

——商店街が高齢者の見守りを担っているということですか？

Tさん　他にもありますよ。商店街を通学路に指定したらどうでしょうか。わざわざPTAを道端に立たせなくても子どもの登下校の様子が大人の視界に入る仕組みができ上がります。子どもの様子がおかしければお

店の人やお節介な買い物途中のお年寄りが声を掛けてあげられます。これって心強いことですよね。また、お小遣いをもらった子どもが商店街で買い物することは社会教育にもなるんです。

——商店街が子どもの見守りや教育を担っているんですね。

Tさん　そうです。商店街の機能はまだまだありますよ。商店街の利用者は、多くの場合ご近所さんですよね。ということは、地域の「知っている人」をつくる場にもなり得るわけです。

　同じ地域で暮らす人の顔を知っているというのは、実はとても意味のあることなんですよ。地域コミュニティを形成しやすくなるだけじゃなくて、一緒にいるときのストレスの軽減にもつながりますから。例えば、災害が発生して避難するとき。避難所で知らない人だらけのなかにいるのと、ちょっと知っている人がいるのとでは感じるストレスがずいぶん違ってくるんです。お互いに不安ななかで、挨拶できたり少し立ち話できたりする相手がいるのは心強いと思いませんか？

　だから長い目でいろいろな角度から見てみると、やっぱり商店街は簡単には潰せない地域の財産なんですよ。市にとっては。

——商店街は地域の財産。社会のために残すメリットがある存在だから税金を投じてでも支援する価値があるわけですね？

Tさん　少なくとも僕は……僕の自治体ではそのように考えています。

## 住民へのアプローチが施策成功のカギ

——最後に、A市が商店街の活性化のために取り組んでいることを具体的に教えてください。

Tさん　（市内の）地域によって施策の内容が異なる部分もあるので、

僕の口から全てを説明するのは難しいです。ホームページを見ていただくのが一番確実だと思います。ただ、参考までに僕が担当しているものとしては、例えば「商店街のデジタル化」が最近の取り組みです。

──「商店街のデジタル化」については、行政側の思いとは裏腹になかなか商店街に浸透しないと聞いたことがあります。こういった課題は感じていますか？

Tさん　実は、うちは上手くいっているんですよ（笑）。ようは「やり方」です。

──やり方？

Tさん　上手くいっていない自治体は、「デジタル化しませんか？　こんなメリットがありますよ」ってPRしているんです、店主に対して。そんなの聞いてくれるはずないじゃないですか。面倒くさいし、「デジタル」ってなんかハードル高そうだし。

──A市では違ったアプローチを？

Tさん　初心に戻るんです。基礎自治体ですからね、僕たち。だから、原点に戻って、足を使ってヒアリングです。「何か困っていることありませんか？」、「こんなことができたらいいな、って思うことはありませんか？」って。そうしたら、いろいろ出てくるんですよね。そんな課題や要望を整理して提案するんです。「これとこれはデジタルで解決できますよ」って。

──なるほど。デジタル化は「目的」ではなく、あくまでも「手段」ということですね？

Tさん　その通りです。「市内の商店街でデジタル化を普及させたい」って

いうのは、行政側の勝手な都合ですよ。しょせんは実績づくり。そんなの店主にも見抜かれます。本当に店主のこと、商店街のことを思って施策を講じるのであれば、ウチのようなアプローチになると思うんですけどね（笑）。


## 〈インタビューを振り返って〉

　商店街の活性化は、全国各地の自治体で行われています。その取り組みは多種多様。地域の商店街で使用可能なプレミアム付き商品券を発行したり、子供向けのイベントを開催したり……。

　なぜ、行政がこれほど商店街振興にこだわるのか。それは、商店街が地域の財産だからです。地域コミュニティの核として、住民の見守りの場として、社会教育の場として……商店街はたくさんの機能を有しています。

　しかし、現実問題として、商店街のシャッター通り化は進んでいます。一番の原因は、近隣に便利で魅力的な店舗（ショッピングモールなど）ができることでしょう。それ以外にも、経営者の高齢化、後継者不足の問題など、商店街の店舗が閉店する原因はいくつもあります。

　地域に、こうした問題に立ち向かうためのアイデアや工夫が求められることは言うまでもありません。しかし、商店街の経営者たち任せにしていてもよい結果が得られにくいのも、また実状です。商店の多くは個人経営。商品開発、広告宣伝、マーケティングなどの担当者がおらず、経営者一人ですべてやらなければならないのが普通です。そのため、大手ショッピングモールと対等に渡り合うことは、現実的ではありません。

　そこで、行政が知恵を貸すことになります。全国各地からたくさんの情報を収集し、よさそうな施策を検討して地元の商店街に提案する。必要であれば予算化し、集客に役立つ事業をサポートする。もちろん、財政担当を説得し、議会の承認を得るというハードルも待ち構えています。担当者レベルで事の重大さを理解していても、それを他者に分かってもらうことは簡単ではありません。「どうすれば納得してもらえるか」について、試行錯誤することになります。

　皆さんが市区町村の職員になった際には、商店街の存在意義を熱く語

ることができ、そのために積極的な情報収集と行動を起こしていただけることを願っています。

　商店街は地域の財産。様々な可能性を期待して、いつまでも元気でいてもらいたいですから。


〈「商業振興」を考える〉
**商店街は様々な役割を期待されている地域の財産。それを守るために担当職員は関係各所に働きかけ続けている。**


〈「商業振興」の志望動機形成ワーク〉
**①インタビュー結果を面接対策に活かす**
　インタビューの内容はいかがだったでしょうか。公務員の仕事のリアルについて、いろいろと感じ取るものがあったと思います。そしてこのような情報収集ができれば、自治体研究に基づく志望動機、ひいては面接対策までもう一息です。

　第5章でも詳しく説明しますが、面接対策において大切なことは、「追加質問（深掘り）」への対応力です。一問一答で終わる質問は基本事項の確認やアイスブレイク（面接の緊張感を和らげる目的の、内容の薄い問）としての意味合いが強く、他の受験生と比較するためのものではありません。あくまで合否を分けるのは、あなたの回答に対する面接官からの「追加質問（深掘り）」に、簡潔かつ論理的に対応できるかどうか。この後のワークシートに取り組んでイメージしてみましょう。


**②PREP法へ落とし込もう**
　まずは、インタビュー内容を参考に、志望動機の骨子を構成してみます。慣れるまでは、『志望動機形成フローチャート（⇒P.48）』に当てはめてPREP法で作成するのがオススメです。
（例）
【P】商店街の活性化に取り組みたい。
　　↓

【R】（その理由は）商店街は地域コミュニティの核として大切な機能を備えている地域の財産として潰してはならない（から）。

　↓

【E】（この点で）Ａ市が促進している「デジタル技術による商店街の悩みの解消」は画期的な取り組みとして共感できる。

　↓

【P】（入職後は、）私の強みである情報収集力を活かし、全国の先進事例を学びながらＡ市の実状に合う施策を提案し、人が集まる商店街の実現を目指す。

　冒頭の【P】については、純粋に「商店街活性化」に対する関心をシンプルに伝えればOKです。続く【R】は、その理由になります。ここでは、インタビューを通して学んだ「商店街の存在意義」を伝えます。具体的には「地域コミュニティの核」としての機能が期待できる点です。さて、【E】については、インタビューで得られた情報だけで満足せず、必ず追加での情報収集をするようにしてください。インタビューにより施策を講じる意味や社会課題の捉え方を学ぶことはできますが、市が取り組んでいる施策の全てを網羅的に把握することはできないからです。インタビューで得られた情報は全施策の一部にすぎないと心得、自ら市のホームページなどで担当部署の計画や取り組み内容をチェックするようにします。ここでは、Ａ市の成功事例でもある「商店街のデジタル化」をピックアップしました。そして、最後の【P】では、職員として自分の力を活かすイメージを述べてまとめます。

### ③追加質問を想像して志望動機を補強しよう

　さて、あなたが面接官だったとして、②のような志望動機を語る受験生に対して満足できるでしょうか？　他に知りたいと思うことはありませんか？

　面接選考に苦戦する受験生の多くは「何を伝えるか」に集中するあまり、面接官の視点を軽視しがちです。面接官の立場になって自分の志望動機を眺めたとき、「どこに興味を持たれそうか？」、「どこに疑問を持たれそ

第1章

第2章

第3章

第4章

第5章

第6章

うか？」を考えてみる必要があります。あなたにとって「当たり前」であっても、面接官にとって「当たり前」だとは限らないからです。いかに自分の志望動機を客観的に分析できるかが、面接突破の鍵になるのです。

　ところで、今回は地域振興をテーマとして、商店街に焦点が当てられていました。あなたの身近にも商店街はあるでしょうか？　賑わっていますか？　それともシャッター通りになっていますか？　このように身近なものは、よく志望動機のテーマとしても取り上げられます。実体験が基になっているため、語りやすいのかもしれません。ただ、注意すべきは、「なぜ商店街を支援する必要があるのか？」という視点です。利用者としてではなく公務員として、改めて商店街を見てみてください。そして、公務員が商店街に何を期待しているかを考えてみるのです。そうすることで、より説得力のある志望動機に近づくことができるでしょう。

　それでは、「面接官の視点」を意識しながら『追加質問（深掘り）検討ワークシート』に取り組んでみましょう。

【志望動機形成フローチャート（例）】

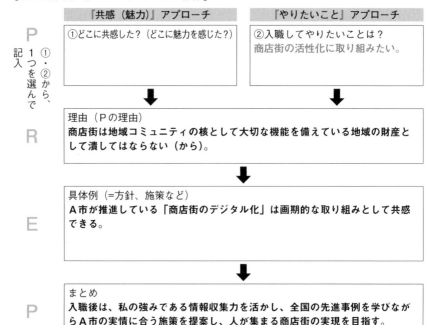

**【追加質問（深掘り）検討ワークシート（例）】**

| | |
|---|---|
| P | 商店街の活性化に取り組みたい。 |
| R | 商店街は地域コミュニティの核として大切な機能を備えている地域の財産として潰してはならない（から）。 |
| E | A市が推進している「商店街のデジタル化」は画期的な取り組みとして共感できる。 |
| P | 入職後は、私の強みである情報収集力を活かし、全国の先進事例を学びながらA市の実情に合う施策を提案し、人が集まる商店街の実現を目指す。 |

※白紙のワークシートは第6章にあります。

第1章

第2章

第3章

第4章

第5章

第6章

【ワークシート記入例】

| | |
|---|---|
| P | 近隣住民の高齢化の影響か、子どもの頃に比べて駅前商店街のシャッター店が増えて寂しく感じたため、近隣住民、特に高齢者をターゲットにしたイベントを開催するような、**商店街の活性化に取り組みたい。** |
| R | 商店街には高齢者が集まりやすいことから顔と顔でつながる関係性が築かれ、また、子どもたちにも通学路の指定による見守りといった防犯面、お店で買い物することによる社会教育などで役立つ。このように商店街であれば、幅広い世代とのつながりが創られる可能性がある。**商店街は地域コミュニティの核として大切な機能を備えている地域の財産として潰してはならない。** |
| E | 店主のデジタルに対する苦手意識を解消するため、店主に寄り添ったアプローチを行う**A市が推進している「商店街のデジタル化」は画期的な取り組みとして共感できる。**デジタル化することで会計がスムーズになり、お金の計算も不要になることで商店街の利便性が上がる。実際にB市ではキャッシュレス決済の導入により、顧客単価がアップしたという。 |
| P | 入職後は、私がゼミナールで共同論文を作成したときに大いに役立った**私の強みである情報収集力を活かし、全国の先進事例を学びながらA市の実状に合う施策を提案し、明るい雰囲気、生活に必要なものが手に入る、人と人との交流などといった、人が集まる商店街の実現を目指す。** |

なぜ、商店街の活性化に関心を持ったのか？

なぜ商店街は衰退してしまったのか？

どうすれば活性化させることができるか？

商店街に期待される機能とは何か？

商店街と地域コミュニティはどのように関連しているか？

商店街以外（公民館など）でも地域コミュニティの構築は可能だが、商店街にこだわる必要はあるか？

デジタル化で何が変わると思うか？

商店街にデジタルを導入するうえでのハードルは何か？

他の自治体の成功事例を調べているか？

情報収集力を発揮したエピソードはあるか？

人が集まる商店街とはどのようなものか？

第1章

第2章

第3章

第4章

第5章

第6章

# 2 / 子育て支援

**Speaker**

**B区役所　児童福祉課　子育て支援担当　Eさん(女性)　入職8年目**

## 騙された？　公務員でも残業が多い！

——お久しぶりです。今は児童福祉で働いているとのことですが、仕事
　の内容について教えていただけますか？

Eさん　ご無沙汰しています。直接お会いするのは卒業式以来なので、
8年ぶりくらいでしょうか？　今は子育て支援の担当者として頑張って
います。ざっくり分けると「窓口対応」と「事務仕事」の2つです。と
にかくウチは残業が多くて、繁忙期だと22時より前に役所を出られた
ら「今日は早い！」って思うような職場です。

　先生は「役所の仕事は上手くやれば定時で帰れる」って仰ってました
よね？　それ、嘘ですから。全然帰れませんから。おかげで最初の半年
間は死ぬほど辛かった（笑）。

——いや、部署による……というのを伝えたような伝えていなかったよ
　うな。

Eさん　別に構いませんけどね。すぐに慣れましたから（笑）。拘束時間
は長いけどそれなりに充実しているから時間が経つのはあっという間です。

——仕事量が多い？

Eさん　そういうわけではないと思います。他の部署の仕事を全部把握

しているわけじゃないので、単純に比較することはできませんが。

　仕事量というよりは、一つの仕事にかける時間が長いという感じでしょうか。

　例えば窓口対応です。当たり前ですが、ウチの場合は子育てに関することが中心になります。そしてそれが長引くわけです。窓口に来る理由なんてほとんどがネガティブな理由ですから。その結果、事務仕事が後回しになって、窓口が閉まってから残業して仕上げなきゃならない、っていう毎日です。

──やっぱり苦情が多いでしょう？

Eさん　多いですね。これは先生が仰っていた通りでした（笑）。わざわざ感謝するために役所に来てくれる人はほとんどいません。圧倒的に苦情や不満が多いです。住民に寄り添った支援をしているつもりでも、全員の声を聴けているわけじゃないですからね。行政が行った支援が期待通りでなければ「私たちの税金をこんなことに使うなんて！」ってクレーム言いたくなるんじゃないかな。でも、なかには「なるほど」って思わされる声もあったりします。「予算をかけて実施している施策」と「住民が望んでいること」のギャップに気づかされたりとか。だから、ちゃんと耳を傾けなきゃいけないとは思っています。

## 施策を行って初めてわかるギャップ

──さすがですね。その謙虚な姿勢はとても大切なことだと思います。
　ちなみに、実際にどんなギャップがありましたか？

Eさん　例えば、ウチが各駅に1つずつ子育て関係の施設を設置しているのはご存知ですか？　子どもを遊ばせたりできるような施設なんですけど。「天気がよければ公園で遊ばせることができるけど、雨だったり寒かったりする日に子どもを遊ばせる場所がない」というニーズに応え

て作った施設なんです。全部が駅の徒歩圏内だから利便性は抜群で、車が無くても簡単に利用できるということで、他の自治体から視察が来るくらいのウチの目玉施策の一つになっています。利用者も多くて毎日とても賑わっています。

　ただ、実はこの施設にもクレームがついたんです。

──どんなクレームが？

Eさん　各駅に１つ設置したから、なかにはかなり無理をしてスペースを確保した施設もあるんですよ。だから利用者のなかには狭くて使いにくいと感じる方もいたようです。

　子どもって走り回りますよね？　そもそも子どもに遊んでもらうための施設なんだから走り回ること自体は想定内だったんですが……。でも、例えば１歳児がゴロゴロしている隣を５歳児がドンドン走って回る状況は親としては心配だと思います。スペースが狭いと、こういった問題が生じることに行政は気づけていなかったわけです。

　こんなクレームをもらうと、「各駅に１つずつ子育て施設を設置」なんて施策はインパクトがあって区のアピールにはなるんだけど、本当に困っている人のニーズに寄り添えていたかというと、ちょっと疑問を感じます。「とりあえず形式を整えて実績だけつくった」みたいに思われても仕方がないかもしれません。

## イベントに参加して得た価値

──なるほど。ところで、Eさんは初めから子育て分野を志望していましたよね？　当時の仕事研究についても教えてもらえますか？

Eさん　はい。おかげさまで今は希望の部署で働かせてもらっています。でも、学生時代は子育て中の人の声に触れる機会がなかったから、志望動機を作るのが大変でした。アチコチのイベントに片っ端から「参加さ

せてください」って電話しては断られて……。でも、先生から「現場に
足を運びなさい」って言われて……。あの頃はさすがに心が折れそうで
した。結局、M市の大きな公園で開催された「ベビーカー体験」のイベ
ントを見学させてもらうことができたんです。当日は親切なママさんに
ベビーカーを押させてもらって。あのときは、本物の赤ちゃんが乗って
いるベビーカーだからすごく緊張しましたけど、とても貴重な経験でし
た。

　実際に押してみると小さな段差や斜めになっている道が移動しにくい
んですよね。子育て支援を考えるときには道路整備も併せて考えないと
いけないことに気づいた体験でした。

　これ、このまんま面接で語ったんですけどね（笑）。


――では、希望の職場だったけど、予想以上に残業が大変な職場だったと？


Eさん　残業時間は予想以上でした。でも納得はしているつもりです。
仕事をダラダラして残業するのは税金の無駄遣いだけど、ウチはそうじ
ゃないので。

　あくまでも最優先すべきは住民対応。そこにはいくらでも時間を割く
べきだと思っています。その時間を捻出するために、事務仕事の効率を
上げたり残業したりする。最近はこんな風に考えています。


――住民対応の時間が仕事の中心になっている、ということですね。


Eさん　これでもサービス業ですからね。そこは忘れちゃいけないと思
っています。

　と言いつつ、忘れてる職員も結構いるんですけど。話の長い住民を追
い払おうとしたり、面倒くさそうに電話対応したり。でも、そんな対応
をしていると信頼を得られないどころかトラブルにつながって、結局そ
の収束に多くの時間をとられることになってしまうんです。

　役所の仕事は種類が多いから、その全部に高いモチベーションで向き

合うのは大変だけど、せめて自分が担当している業務くらいはプロ意識を持ってやっていきたいと思っています。

〈インタビューを振り返って〉

　公務員として仕事をしていると、たくさんのクレームをいただきます。公務員だって人間ですから、あまり気持ちのいいものではありません。

　しかし、クレームはとても貴重な声でもあるのです。公務員の立場、担当者の目線からは見えなかった現実を住民が言葉にしてくれたもの、それもクレームなのですから。まずは真摯に耳を傾けること。職員にこの姿勢があってこそ、クレームは意味のある声に変わるのだと思います。

　また、窓口がある職場は多くの場合「残業」と隣り合わせです。1日8時間、全ての職員が同じ時間を与えられているなかで、窓口対応をしている時間は事務仕事を進めることができませんから、残業は常に頭の片隅にあるわけです。もちろん、翌日に回すことができる事務仕事もあるので、毎日のように残業しているわけではないでしょう。それでも、職員同士の会話からは「窓口対応に時間をとられる」といった声がよく聞こえてきます。

　ただ、ここで忘れてはいけないことがあります。それは、公務員の仕事は「サービス業」だということです。自治体には様々な部署がありますが、どのような仕事を担当するにしても常に「行政サービスを提供している」という自覚を持っていなければなりません。

　こうした自覚を忘れてしまうと、窓口対応の際に不親切な対応をしてしまったり、大切な情報を伝え損ねたりしてしまいます。その結果、住民の心は少しずつ役所から離れていってしまうでしょう。

　残業することは好ましいことではありません。計画的に仕事をし、定時で帰宅することが、財政的にもワークライフバランスの点でも理想です。しかし、窓口対応は計画的には進まないもの。この点は受け入れるほかないといえます。

　長時間労働の問題を無理やり解消するために、窓口に来た住民を適当

にあしらう、追い返すといった姿勢はいただけません。本末転倒です。むしろ、窓口対応の時間を捻出するために事務仕事の効率を上げることを考えるべきです。それでも追いつかない部分を補う手段が残業なのです。

　世間一般から安定や待遇のよいイメージを持たれがちな公務員の仕事は、決して楽なものではありません。むしろ忙しいと心得ておくべきです。職員には、その忙しさのなかでも「行政サービスの提供者」としての役割を担う姿勢と、その気持ちを持ち続ける意思の強さが求められているのです。

〈「子育て支援」を考える〉
①住民からの苦情や不満は「行政の施策」と「住民ニーズ」とのギャップの表れ。
②公務員の仕事はサービス業であるため住民対応が最優先。職員はその時間を捻出するために工夫を凝らしている。

〈「子育て支援」の志望動機形成ワーク〉
　今回も「面接官の視点」を意識しながら、『追加質問（深掘り）検討ワークシート』で確認してみましょう。まずは、『志望動機形成フローチャート』で志望動機の骨子を簡潔に作成します。そのうえで、面接官の興味・関心が向けられそうな箇所を洗い出していきましょう。なお、２〜８のインタビューでは、筆者からPREP法による志望動機の構成例を提示しません。ここまでの解説を参考に各自で挑戦してみましょう（『追加質問（深掘り）検討ワークシート』の記入例はそれぞれの最後に載せていますので、ペンが進まないときには参考にしてください）。

　ところで、今回は児童福祉についてのインタビューでした。志望動機のネタとして最も人気の高い分野の一つです。実際に行政も少子化対策には特に力を入れて取り組んでいるため、ホームページ上で具体的な施策を調べたり、事例を探ることは比較的容易かと思います。しかし、できることなら施設やイベントに足を運び、現場の声に耳を傾けてみてください。ホームページとは違ったリアルな情報を得られるはずです。

## 【志望動機形成フローチャート】

| | 『共感（魅力）』アプローチ | 『やりたいこと』アプローチ |
|---|---|---|
| **P**<br>①・②から、1つを選んで記入 | ①どこに共感した？（どこに魅力を感じた？） | ②入職してやりたいことは？ |

⬇ ⬇

**R**

理由（Pの理由）

⬇

**E**

具体例（=方針、施策など）

⬇

**P**

まとめ

## 【追加質問（深掘り）検討ワークシート】

| | |
|---|---|
| P | |
| R | |
| E | |
| P | |

第1章
第2章
第3章
第4章
第5章
第6章

**【ワークシート記入例】**

| | |
|---|---|
| P | 核家族化や共働き世帯の増加により子育てに対する負担意識が高まり、少子化が進んでいる。B区も例外ではなく、子育て世帯が住みやすいと感じられるまちづくりが急務である。医療制度や教育支援が充実し、子どもを安心して遊ばせられる子育てしやすいまちづくりに携わりたい。 |
| R | このまま少子化が進めば、労働力人口が減少し、いずれは地域経済が回らなくなる。そのため、雇用の創出や企業に対するワークライフバランスへの理解を促さなければならない。また、施設利用者の声を聴くなど住民のニーズの把握を丁寧に行い、ニーズにマッチした施策を行う必要がある。人口減少をくい止めるには若い世帯に選ばれる区であり続ける必要があるから。 |
| E | B区では、自家用車の有無に関わらず区内の住民が公共交通機関で訪れやすい子育て関連施設が区内全駅の徒歩圏内に設置されている。全区的な規模で取り組んでいる点が魅力。現地を訪れた際も、多くの利用者がおり、求められている施設だと感じた。一方で、施設内のスペースがやや狭い点が気になった。 |
| P | アルバイトでもお客様の声やクレームに丁寧に耳を傾けてきたため、入職後は、私の強みである傾聴力を活かし、区民の声に丁寧に耳を傾けニーズを把握する。忙しい仕事だと認識しているが、事務効率を上げ、窓口対応の時間を捻出できるような働き方を目指したい。 |

なぜ子育て支援に関心を持ったのか？

子育てしやすいまちとは？

高齢化が進むと何が問題になる？

若い世帯のニーズを把握する方法は？

例えば、どのような施策が考えられるか？

B区が行っている施策についてどう考えるか？

現地に行ったことはあるか？

既存の施策の改善点や課題はあるか？

傾聴力を発揮したエピソードはあるか？

激務のなかで区民の声に耳を傾けられるか？

第1章
第2章
第3章
第4章
第5章
第6章

# 3 / 農業振興

**Speaker**
**C市役所　農業振興課　農業振興担当　Iさん（男性）　入職6年目**

## 田舎から出て来て就いた仕事は農業！？

――Iさんは大学で農業を勉強されていたんですか？

Iさん　いやいやいや！

　農業なんて興味なかったし、やったこともないですよ。野菜はスーパーで買うものでしょ？（笑）畑に出ることなんて考えたこともありません。

　だから人事異動を告げられたときは本当にびっくりしました。九州の田舎から東京に出て来て、まさか農業に関わることになるなんて。

　正直、前任者から仕事の引き継ぎを受けながら「東京で農業なんてやる意味あるの？」って思いながら聴いていましたから（笑）。

――やる意味あるんですか（笑）？

Iさん　それがあるんですよ。都市農業って言うんですけど、都市部における農業の存在意義は大いにあります。農業の多面的機能って聞いたことありますか？　農林水産省のホームページで紹介されているので、お時間あればぜひ一度ご覧ください。

――農林水産省のホームページですね、後ほど確認します。ということは、Iさんは担当になった後で農業の知識を身につけたということですか？

Iさん　私の場合は、そうなります。というより、役所の場合、ほとんどの仕事がそんな感じですよね。異動すると転職するのと同じくらい環境や仕事がガラッと変わりますから。私の場合は農業初心者でしたからその知識を学ぶことも大変だったんですけど、実は、それ以上に大変なことがあったんです。なんだかわかりますか？

——実は野菜が嫌い…とか？

Iさん　そんな職員もいましたね（笑）。でも、一番大変だったのは、農家とのコミュニケーション。農家って昼間は畑にいるでしょ？　しかも、田舎みたいに大きな畑がどーんとあるわけじゃなくて小さな畑が住宅の間にアチコチ点在しているから、慣れないうちはどこの畑に行けば会えるのかわからなくて苦労したものです。今では一発で見つけられるようになりましたが。

——どうやって見つけるんですか？

Iさん　それぞれの農家の生産物と作付け計画を覚えるんです。慣れてくるとだいたいの見当がつくようになります。また、農家って古くからその土地で暮らしているので、近所に同じ名字の人が多いんです。だから名前を呼ぶときは、基本的にフルネーム、もしくは下の名前で呼ばなくちゃならなくて。それも最初のうちは苦労しました。今では市内の農家全員のフルネームを覚えていますが。

## 農業の知識より大事だったこと

——それは大変でしたね。異動してしばらくはコミュニケーションもとりにくいわけですね？

Iさん　信頼関係を築かないと話を聴いてもらえないですからね。私な

んて、最初の半年くらいは「おい、市役所！」って呼ばれていましたけど、頑張って農家のフルネーム覚えて、しょっちゅう畑に顔出して話していたら「Iくん」って呼んでもらえるようになって。初めて名前で呼ばれたときは嬉しかったなぁ。

——名前を呼ばれるまでの道のりが長すぎませんか（笑）？　気難しい
　　人が多そうですね。

Iさん　もちろん気難しくない人もいますよ。でも、皆さん人生の大先輩ですし、個人事業主ですからね。つまり社長さん。知ったかぶりしてアドバイスなんてしようものならすぐにへそ曲げられてしまいます。
　上手にバカになって、いじってもらって、可愛がられなきゃ懐に入って話をすることはできないと学びました（笑）。

——あえて「頼りない」部分をさらけ出すという作戦ですね

Iさん　その通りです。農業に関しては、どんなに頑張ったって農家には敵いませんから。そのことは肝に銘じておかなきゃだめだと思っています。どれだけネットで調べて最新の情報をゲットしたって、本当の農業の厳しさを知らない安定職の役人から偉そうにアドバイスされたら気分悪いでしょうからね。だったら逆に「教えてください」っていうスタンスで懐に入って自然な会話をできる関係をつくった後で、情報提供するチャンスをうかがう方が賢いんじゃないかと考えるようになりました。
　畑を訪ねて農家を見つけるとするでしょ？　呼びかけても最初は無視されるんです。農家は作業中ですから、すぐに手を止めてはくれないんです。
　だから、そんなときは畑の縁の草むしりをしたり、散らかってるコンテナを片付けたりしながら様子を見るわけです。そうすると「そうじゃねぇよ！」とか「勝手に動かすな！」とか文句言いながら手を止めてこちらに近づいてきてくれます。口は悪いけど、こちらの行動をよく見て

くれていますから、慣れてくると厳しい口調のなかに親しみを感じられるようになるんです。

——いくらなんでも過酷すぎませんか？　心折れそうになりませんか？

Ｉさん　最初のうちはショックでしたよ。この歳になって怒鳴られるとは思いませんからね。しかも屋外で（笑）。私も最初のうちは何をしていいか分からず畑の隅でボーッと待ってたら「頭は帽子を被るためについてるんじゃねぇぞ！」って。あのときはさすがにダメージが大きかったです。でも、その一方で「上手いこと言うなぁ」と感心してみたり（笑）。
　いろいろな人がいますが、結局のところ「慣れ」です。基本、農家は悪い人じゃありませんから。農家流のコミュニケーションに早く慣れて腹を割って話ができるようになると、市の施策に協力してもらいやすくなります。この関係づくりが担当者の一番大切なミッションだと後輩たちには伝えています。

## 農業支援を通じて築かれる絆

——農家の支援について、もう少し具体的に聞かせていただけますか？

Ｉさん　実は、関係者にぞれぞれの責務が定められているんです。ウチの場合は農業基本条例とそれに基づいて策定された農業振興計画に明記されています。そのなかで役所が行うものは大きく分けて２つです。
　一つは農業経営の支援、もう一つは労働力の支援になります。農業経営については、販路の確保の点で直売所を開設したり、地元の小売店や飲食店に協力を依頼したり、あとは学校給食との連携をしたり。このあたりは「市役所」の肩書きがあるから営業もしやすいんです。怪しまれませんからね（笑）。

——営業の仕事もやるんですね。

Ｉさん　なんでも屋だと思っています（笑）。交渉の仕方も場数を踏むごとに上手になっていったりして。協力店が見つかるとやっぱり嬉しいものですよ。

　そして、労働力の支援では、農業ボランティアの育成と派遣をやっています。農業をやりたい人って意外と多くいるんです。でも、ド素人がお手伝いに行っても逆に農家の負担を増やすことになってしまう。実際、それでトラブルになった例もありますから。かたや、「ド素人を押しつけてくるな！」、かたや「手伝ってやってるのにその態度は何だ！」って。

　ボランティアさんもほとんどの方が定年退職後の方だから、会社勤めだったとすると偉い立場を経験していたりするんでしょう。それが、畑では頭ごなしに怒鳴られるんだからカチンとくるわけです。

　そして、その不満は双方から役所に寄せられます。私はその対応に追われる……という（笑）。


――人手不足解消のための善意のお手伝いが実は「ありがた迷惑」って。
　　難しい問題ですね。


Ｉさん　そうなんです。だから役所としても考えたんですよ。ただ希望者を農家に派遣するのではなく、農業ボランティアに関心のある人を集めて、一年間講習をするように計画したんです。もちろん私は指導なんてできませんから、先生として農家に交代で5、6人ずつ来てもらう仕組みを作って。それで一年間の講座を回すと、ボランティア希望者の農業スキルはグンと上がりますよね。少なくとも基本的な農業の常識は身につけられます。さらに、先生と受講生という関係性ができ上がっているから、受入れ農家にとっても「見ず知らずの人」がボランティアに来るわけじゃない。この安心感はとても大きかったみたいです。

　一方で、ボランティアさんにとっても、農家の性格が分かっているから心の準備ができますよね。講習のなかで私が農家からボロカスに怒鳴

られている姿を見ているわけですから（笑）。

──……すごい。体を張って関係をつくっていくんですね。

Ｉさん　大変なことも多いけど、とてもやりがいのある仕事ですよ。こうしてできた関係性は簡単には壊れませんから。きっと部署異動した後でもいろんな場面で力になってもらえると思っています。住民と距離が近い基礎自治体職員の仕事の醍醐味の一つかもしれませんね。


〈インタビューを振り返って〉

　行政事務の仕事といっても仕事の幅は多岐に渡ります。もちろん書類の作成や会議の運営などのいわゆる「事務仕事」もありますが、部署によってはおおよそ事務とはほど遠い仕事を任せられることも少なくありません。

　ちなみに、筆者が公務員時代に担当した仕事のなかで印象に残っているのは「セメントづくり」です。当時、公共施設の裏口のブロックが破損したものの修繕の予算がなく、仕方なく職員で補修することになりました。先輩に連れられて河原へ行き、白っぽい砂をバケツいっぱい集め、それに何やら液体を加えて混ぜ合わせてでき上がったのがセメントでした。周囲に比べて補修箇所の色がやや濃くなってしまいましたが、自力で補修できたことに驚きました。その後、その施設を訪れる度に裏口を覗いては、色が異なる箇所を確認して密かに喜んでいたものです。他にも、公共施設内の蜂の巣の駆除、荷物の運搬のためのダンプの運転や荷台の縄掛け等、様々な仕事を経験しました。

　同様に、農業振興にも現場に出て体を動かす仕事があります。作業着を着て畑に出て土にまみれるのは最初のうちは抵抗がある人もいるといいます。「事務の仕事はもっとスマートなものだ」という思いが頭のどこかにあるのでしょう。しかし公務員はあくまでもサービス業。所属する部署によって支援の対象は異なります。自分の持ち場で、自分が担当

する対象が満足するよう試行錯誤し、サービスを提供するとが求められるのです。

　農業振興を担当するということは、農家に何らかの働きかけを行うということです。そのためには、農家にこちらのメッセージが届かなければなりません。ではどうすればメッセージが届くのか。大切なことは、心を通わせ、気軽に話をしてもらえるような関係を構築することです。スーツを脱いで作業着を身につけ、地下足袋を履き、帽子を被って畑に入る。一緒に汗を流しながら農家のリアルな声に触れる機会を待つ。とても地道な取り組みですが、農家の懐に入るうえでは、これが最短の近道だと思いませんか？

　決して「支援をしてあげる」という上から目線ではなく、「課題を教えてもらう」という姿勢で彼らの領域にお邪魔させてもらう……この姿勢を感じ取ってもらえたとき、農家は役所を認めてくれます。そして、こちらの話に耳を傾けてくれるのです。

　人を相手にする仕事は神経を使います。特に、専門性を持った相手は高いプライドを持っていますから。このことをよく理解し、まず相手に受入れられやすい存在となって、焦らず丁寧な関係づくりを心掛けておくことが、真に寄り添った支援の実現を目指すうえでは大切なのです。

〈「農業振興」を考えるポイント〉
**農業振興は農家との関係づくりから。懐に飛び込む勇気と心を通わせるコミュニケーションスキルが不可欠。**

〈「農業振興」の志望動機形成ワーク〉
　今回は農業振興がテーマでした。実家が農家であるなど農業に馴染みがある方にとっては納得しながらご覧いただけたのではないでしょうか。一方で、多くの方は農業振興の実状に驚かれたかもしれません。農業振興というと、つい生産量、品目、品質などに注目しがちですが、公務員

が行う仕事レベルで考えると、最も重要なのは人と人との関係づくりです。農家と職員とのコミュニケーションです。この点は、ぜひ志望動機を構成する際に頭の片隅に置いておくようにしてください。

　それでは、「面接官の視点」を意識しながら『追加質問（深掘り）検討ワークシート』に取り組んでみましょう。

## 【志望動機形成フローチャート】

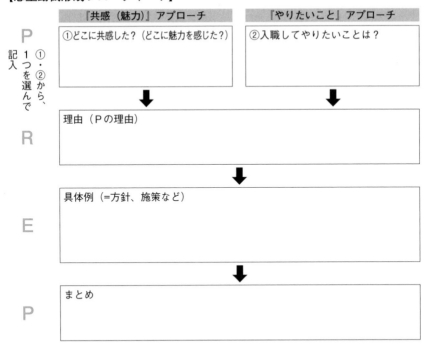

| | 『共感（魅力）』アプローチ | 『やりたいこと』アプローチ |
|---|---|---|
| | ①どこに共感した？（どこに魅力を感じた？） | ②入職してやりたいことは？ |

P　①・②から、1つを選んで記入

R　理由（Pの理由）

E　具体例（=方針、施策など）

P　まとめ

## 【追加質問（深掘り）検討ワークシート】

| | |
|---|---|
| P | |
| R | |
| E | |
| P | |

第1章

第2章

第3章

第4章

第5章

第6章

**【ワークシート記入例】**

| | |
|---|---|
| P | 学生時代にボランティア活動で都市農業に関心を持った。「収穫」を期待して参加したが、作業の大部分は除草であり、大変だった。また、住宅地の間に畑が点在しており圧迫感があったが、都市部において生活環境に潤いを与える大切な存在であることを学んだ。C市が都市農業の振興に力を入れて取り組んでいる姿勢に共感した。 |
| R | 農地は生産だけでなく、防災、環境、教育、景観などたくさんの多面的機能を有しており、地域の財産として守っていくべきものである。子どもの頃に近所の畑でジャガイモの収穫体験をさせてもらったが、野菜を収穫する面白さやありがたさを学ぶことができた。 |
| E | 都市農業は農家の高齢化や地域住民の理解の問題など、多くの課題を抱えているが、C市では、農業振興計画の策定により、都市農業の振興を実現するための関係者の責務や行動計画を明確にすることで、実行力を高める工夫が講じられている。なかでも、住民の理解は不可欠であり、この点において学童農園など子どもを通して大人に理解の輪を広げていく施策は効果的だと考える。また、N区のように地域の伝統野菜の収穫大会のようなイベントも住民の関心を高める効果が期待できる。 |
| P | 入職後は、ボランティア活動やアルバイトでも評価されることが多かったフットワークの軽さを活かし、積極的に現場に足を運び、一緒に汗を流したりコミュニケーションをとったりしながら農家と良好な関係を築き、信頼される職員を目指す。信頼は一朝一夕に得られるものではないため、仕事を素早く正確に行う姿を示し続けることで認めてもらえるようになりたい。 |

なぜ、都市農業に関心を持ったのか？

農業に対してどのようなイメージを持っているか？

都市農業と地方の農業では何が違うか？

農地に期待されている機能とは？

多面的機能を実感したことはある？

都市農業の課題は何か？

都市農業を振興させていくためには何が必要か？

他の自治体の事例を調べているか？

これまでにフットワークの軽さを活かした経験はあるか？

どのようにして農家と関係を築いていくか？

信頼を得るために大切なことは何か？

第1章

第2章

第3章

第4章

第5章

第6章

# 4 / 学校運営

**Speaker**

D市役所　学校課　食育担当　Yさん（女性）　入職9年目

## 給食一つとっても様々な関係者がいる

――学校課ではどんなお仕事をされているんですか？

Yさん　私は主に学校給食を担当しています。栄養士さんや調理師さんとの連絡や献立の管理、あと食材の注文やその為の予算管理も。

　ウチの市では給食センターがないから自校式（それぞれの学校で調理する方式）でやっているんですけど、これがなかなか大変で……。

　材料の納品が遅れたり、形が悪いものが混ざっていたりするとすぐにクレームが入ってくるから、その対応に追われる毎日です。

――「子どもたちと一緒に何かをする」というよりは学校関係者の方々との調整が主な仕事なんですね。

Yさん　どちらかといえば、そうですね。栄養士さんや調理師さんも私にクレーム言ったってしょうがないことは分かっているはずなんですけど、どこかにイライラをぶつけたいんでしょうね。それを聴くのも仕事だと最近では割り切れるようになりました（笑）。

　特にウチは自校式だから、農家さんが毎朝早くに学校に野菜を納品するんです。いわゆる「地産地消」を推進するための取り組みで。ウチの場合、食育推進計画で「学校給食の地元野菜利用率」を掲げてしまっているから、栄養士さんとしては「八百屋と地元の農家の両方に発注しなくちゃならない」という状況。そのおかげで学校の調理員さんも大変だ

と思います。だって、八百屋さんから野菜受け取って調理に取りかかろうと思ったら、次から次へと農家さんが野菜持って訪ねてくるんですから。それに、八百屋さんの商品と違って形が不揃いなので「機械で一度に皮むきできない」という声も聞こえてきます。

## 上からの理想と現場の現実に苦悩

——確かに。計画の数字は理想的でも、現場は苦労しそうですね。

Yさん　市としては「子どもたちに安全安心な地元の野菜を食べさせたい」という想いを計画にすることで、「本気で取り組んでますよ」って市民に知って欲しい。ようするにパフォーマンスなんですけど。もちろん悪い目標だとは思っていませんよ。関係者間で何度もミーティングを重ねてきたから「子どもたちに地元の美味しい野菜を食べて欲しい」っていう気持ちは皆で共有できているつもりです。でも、現場の苦労を想定できていなかったんですよね。栄養士さんの発注の手間、調理員さんの受け取りや調理の手間。それに、農家さんも農作業の手を止めてあちこちの学校に納品して回らないといけないから大変で……。しかも高齢化してるでしょ？　おじいちゃんが段ボールいっぱいのキャベツ担いで小学校の裏門開けてえっちらおっちら歩いている姿を想像したら心配になっちゃう。

——心配になっちゃいますね。今後の市としての対策は？

Yさん　今のところはこのままですね。でも、農業担当の方でボランティア団体をNPO法人化する準備を進めているらしいから、これが上手くいけば野菜の集荷と納品を業務委託できるかもしれません。そうすれば調理員さんの受け取りの手間も農家さんの運搬の負担も、ずいぶん軽くなるんじゃないかなと期待しています。

第1章
第2章
第3章
第4章
第5章
第6章

――農家さんの仕事って「野菜を育てる」だけじゃないんですね。

Ｙさん　私もこの担当になるまで知りませんでしたが、多忙だと思います。その他にも学童農園でもお世話になっています。食育の一環で小学校に農園が整備されていますよね？　ウチの場合は役所から近隣の農家さんに連絡をとって、植え付けの際の指導や人知れず肥料を撒いたりする管理業務をお願いしているんです。

――農家さんを見る目が変わりそうです。

Ｙさん　農家さんはその土地で生まれ育った方が多いから、自分の母校だったりお孫さんが通っている学校の指導は張り切っちゃうみたいですよ。だから、「忙しい」と言いながらも引き受けてくれることが多いです。農家さんの善意に頼っていつも力を貸していただいている状況です。でも、それに甘えちゃダメだとも思っています。農業振興の部署と連携しながら、お互いにとって負担が少なく、望ましい効果を期待できる方法を考え続けないといけません。

――学校課では農家さんや栄養士さんを通して、間接的に子どもたちの
　　支援をしているということでしょうか？

Ｙさん　基本的には間接的な関わりになりますね。でも、毎年夏に発行している「こども食育新聞」のように直接的に関わる仕事もありますよ。
　小学生を対象に10名程度募集して、夏休みの間に農家や栄養士さんたちを取材して新聞を書き上げるんですが、新聞の発行時期になると農家さんたちも毎年楽しみにしてくれていて、とてもやりがいを感じられる仕事ですよ。

――子ども相手だと思い通りに取材できないこともあるのでは？

Yさん　元気ですからね、子どもたちは（笑）。なかなか言うことを聞いてくれないこともあります。なかには子どもが苦手な職員もいたりして、私とペアでやってる男性の先輩なんですけど。最初の挨拶のとき、「本日はお忙しいなかお集まりいただき誠にありがとうございました」って挨拶しててウケた（笑）。

　でも、なんだかんだ子どもたちの方から歩み寄ってくれるから、なんとかコミュニケーションはとれるんですよね。ぎこちなかったけど（笑）。

　地方公務員って結局、「なんでも屋」って思われているんですよね。よくゼネラリストって言われるじゃないですか。なんでも幅広くできる人って意味だと思うんですけど。だから、仕事を選り好みせず小さなチャレンジを続けていく姿勢は持っていた方がいいと思っています。子どもの前で「本日はお忙しいなか…」って挨拶してみたり……とか（笑）。

## 公務員一人では何もできないからこそ

——日々のチャレンジを続けながら、なんでもできる職員になっていくわけですね。

Yさん　精進しています。その一方で、実はなにもできない存在なんだと痛感しています。

——なんでもできるのに、なにもできない？

Yさん　例えば、地元野菜を給食に出したいと思っても、献立を考えるのは栄養士さんなんです。現場で苦労してくれるのは調理員さん。仕事の手を止めて納品してくれるのは農家さんだったりNPOの方々だったり。学童農園だって私たちは何一つ指導できません。

　結局、「こんなことできたらいいな」って考えることはできるけど、実際に最前線でできることって限られているんですよね。「なんでもできる反面、なにもできない」というのが地方公務員なんだと思います。

だからこそ、私たちの仕事はなによりも「人」を大切にしなくちゃいけない。力を貸していただく仕事ですから。いろんな専門家の方々に協力してもらえて、はじめて描いているビジョンを実現できる。そのことを忘れちゃダメだと思っています。


〈インタビューを振り返って〉

　食育に関する施策に対してネガティブなイメージを抱く人は少ないでしょう。こうした施策は「理想的」であり、当然に推進されるべきものとしてサクサクと制度化されていきます。

　しかし、そのしわ寄せがどこに偏っているのか……担当者としては、その点を把握しておく必要があります。

　多くの場合、苦労するのは現場です。ただ、施策自体は「理想的」であるため、反対の声を上げることは難しいでしょう。したがって、担当者が気づかなければ、現場は悶々とした気持ちで仕事に向き合い続けることになり、結果として「理想的」な成果の達成が難しくなってしまうこともあります。

　そのため、クレームであったとしても、現場の声には真摯に耳を傾けること。対応できるものには対応し、現実的に対応が困難なものについては丁寧にその旨を説明してお叱りを受ける。ストレスのはけ口を担うことも仕事の一つと心得ておくとよいでしょう。


　食育に限ることではありませんが、行政の施策は様々な人を巻き込んで展開されていきます。つまり、行政が描くビジョンについて多くの人の賛同を得て行動してもらう必要があるのです。しかし、このことはついつい忘れられがち。施策を形にすることに注力するあまり、いつの間にか冊子（計画書）を期限までに作成することが、施策の最終目的にすり替わってしまうことがあります。

　大切なのは、冊子づくりではありません。それを実行すること。そして成果を出すことです。そのためには関係する方々の協力が不可欠であ

り、そのための関係づくりに時間と力を注がなければなりません。

　自治体の未来に向けて壮大なビジョンを描くことができる公務員に対し、「大きな力を持っている」と言う人もいます。学生の志望動機のなかにも「大きな仕事ができるから」という言葉を頻繁に目にします。しかし、実際に仕事をしてみると「公務員だけではなにもできない」ことに気づかされます。

　公務員はなんでもできる反面、なにもできない存在なのです。こうした謙虚な認識を忘れない限り、担当者として仕事に向き合う姿勢や様々な状況下での対応を誤ることはありません。

　公務員の仕事は「力を貸していただく仕事」です。仕事のできる職員は、例外なく「人」との良好な関係づくりを大切にしています。

〈「学校運営」を考えるポイント〉
①食育のように理想的な施策の陰には抑圧された現場がある場合も。そこに向き合うのも担当職員の大切な仕事。
②公務員の仕事は力を貸していただく仕事。そのために「人」を大切にする。

〈「学校運営」の志望動機形成ワーク〉
　今回のテーマは、学校運営で欠かすことのできない食育に関するお話でした。誰もが全面的に賛同してくれそうな施策ですが、現場の実状は複雑でしたね。こうした状況のなかでも、なんとか調整して施策を前進させていくのが公務員の仕事。いろいろな方の力を貸していただいて施策を行うことができている、そのことは志望動機を作成する際にも忘れてはなりません。

　それでは、「面接官の視点」を意識しながら『追加質問（深掘り）検討ワークシート』に取り組んでみましょう。

## 【志望動機形成フローチャート】

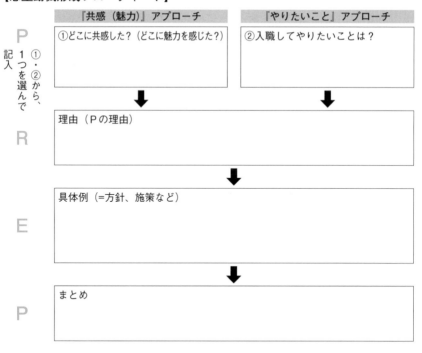

P

記入

①・②から、1つを選んで

| 『共感（魅力）』アプローチ | 『やりたいこと』アプローチ |
|---|---|
| ①どこに共感した？（どこに魅力を感じた？） | ②入職してやりたいことは？ |

R

理由（Pの理由）

E

具体例（=方針、施策など）

P

まとめ

## 【追加質問（深掘り）検討ワークシート】

| | |
|---|---|
| P | |
| R | |
| E | |
| P | |

**【ワークシート記入例】**

| | |
|---|---|
| P | 独り暮らしを始め、食生活に対する意識が低くなったと感じている。子どもの健康な成育に加え、健康寿命の延伸につながる大人にとっても大切な**食育の推進**に携わりたい。 |
| R | 私の友人にも偏食の人がいる。バランスのよい食生活の大切さへの理解を促すことで、**子どもたちの健康を支えたい**から。また、子どもにアプローチすることにより、その家族への情報のシェアを期待することもできる。 |
| E | D市では、食育基本条例を制定し、学校給食への積極的な地元農産物の提供を推進している。地域との協働で食育事業が展開されている点に将来性を感じる。一方で、現場の作業量が増えるなどの課題も無視できない。関係者と密にコミュニケーションを図りながら納得できる進め方を考える必要がある。このほか、市民向け貸し出し農園の開園や食育シンポジウムを開催している自治体もあるため、実施を検討してみてはどうか。 |
| P | 入職後は、私の強みである調整力を活かし、自ら積極的に現場に足を運んでコミュニケーションを図ることで**現場の課題の把握や関係者間の利害調整**を行い、事業の拡充と円滑な運営を目指す。そして、今後は子どもだけでなく、健康寿命の延伸にも活かせるよう高齢者もターゲットにした施策を考えていきたい。 |

なぜ、食育に関心を持ったのか？

なぜ、食育は大切か？

子どもたちの食生活は乱れていると思うか？

子どもに注目した理由はあるか？

D市の取り組みについてどのように思うか？

食育推進事業を進めるうえでのハードルは何か？

他の自治体の事例を調べているか？

どのようにして調整するつもりか？

事業の拡充とはどのようなイメージか？

第1章

第2章

第3章

第4章

第5章

第6章

# 5 / 地域防災

## Speaker
### E市役所　防災課　地域防災担当　Oさん（男性）　入職9年目

### 全国の自治体が力を入れる防災施策

——実は過去に被災した経験がありまして、防災には少し関心を持って
　　います。E市でも力を入れているんですか？

Oさん　今や日本全国、防災に力を入れていない自治体はありませんよ。
地震、台風、河川の氾濫……日本は災害大国ですから。市民の不安があ
るところには必ず行政の施策があるものです。
　僕は防災担当になってからはまだ2年目ですが、入職してからずっと
地域防災を担当してみたいと思っていたんです。

——実際に担当してみてどうですか？　イメージと現実とのギャップは
　　ありましたか？

Oさん　ギャップを感じるところもあれば「思った通り」のところもあ
りますね。でも、防災については受験生の頃から現地の見学もしていた
し、事例もたくさん調べていたから「思った通り」の方が多いかもしれ
ません。

——実際にはどんな仕事を？

Oさん　時期によっていろいろですが、地域の防災訓練とか……ハザー
ドマップの作成や見直しは毎年やっていますね。子どもたちと一緒に市

内を歩いて、「あそこは危険」とか「ここは注意」とかマップに記録したりして。自分で発見すると記憶にも残りやすいから、時間はかかるけどこのやり方で前任者の頃からずっとやっているみたいです。僕も実際にやってみていい方法だなと思いました。僕自身、自分の町のことだけど意外な発見があったりもして楽しかったですし。

## 防災訓練への危機感

――「防災」というと、もっと緊張感のある仕事だと思っていたんですが……。

○さん　もちろん緊張感のある仕事もありますよ。たとえば防災訓練。なかでも「避難所の運営」は地域の方々で行うのが一般的なんです。例えば町内会の主導で。そのための訓練をやっているの、知っていますか？

――小学校とか公民館とかで日曜日の朝にやっているアレですよね？

○さん　そうそう。そのアレです（笑）。その「避難所の運営」訓練をもう少しなんとかできないかと頭を悩ませているんです。と言いつつ、いつも改善できないまま形式的に終了してしまっていまして……。
　ちなみに、先生は地域の防災訓練に参加したことは？

――町内会の活動で何度かありますよ。といってもおじいちゃんたちが消火器を噴射する様子を見学していただけですが……。

○さん　それが実態です。ほとんどの防災訓練は高齢化しています。若い人が参加してくれません。コミュニティができ上がってしまっていて参加しにくいのかもしれないですね。だから、一部の町内会では残念な訓練になっています。いつも高齢者ばかりで、いつも同じ参加者で、いつもと同じ事を淡々とやって、そして打ち上げで早くからお酒飲んで盛

り上がって……。

──そんな町内会だと不安ですね。

Oさん　そうですね。もちろん、たくさんの住民が訓練に参加してくれている町内会もありますから、市としては、そっちは安心して見ていられるんです。でも、そうじゃない町内会は要注意でしょ？　有事の際に機能しないわけですから。

　高齢者しか避難訓練をしていない町内会は、有事の際に高齢者しか段取りを知らない状況になるんです。これは理想的とは言えません。災害弱者になりがちな高齢者が支えるなんて、おかしな話ですよね。

## 幅広い世代の参加で高まる地域の防災力

──防災訓練にいろいろな世代の人が参加してくれるといいですね。

Oさん　それが理想ですね。「避難所の運営」でも同じことが言えます。災害弱者は高齢者だけではありませんからね。

──確かにそうですね。妊婦さんとか、障害者とか、子どもとか……。

Oさん　他にも、出張や旅行でその土地を訪れている人や、外国人も弱者になります。有事の際に土地勘がなかったり言葉が通じなかったりするのはとても不安なことですから。

　市としては、町内会の「避難所の運営」訓練でも、こうした人たちが避難してくることを想定しておいてほしいんです。特にウチの市は外国人労働者が多いから。「避難所の運営」訓練に外国人や障害者や妊婦さんを含めて実践できれば、本当に気を付けなきゃいけないことや準備が必要なことが見えてくるはずです。それが本当にやっておくべき訓練だと思いませんか？

第1章

第2章

第3章

第4章

第5章

第6章

——思います。私たちみたいに自力で動ける人はともかく、助けが本当に必要な人を支えるための訓練でなければ意味がないですから。

Oさん　そういうことです。だから訓練の質を上げるための情報提供をしたりアドバイスをしたりすることも僕たちの仕事になります。緊張感のある仕事ですよ。

〈インタビューを振り返って〉

　地域の防災訓練に参加したことはありますか？

　防災月間の9月や年度末の3月などに行われることが多いようですが、地域によって開催時期や頻度は様々です。

　行政主導で行う防災訓練は比較的大規模で、なかにはフェス形式で芸能人のトークショーが催されたり屋台が出店したりと、集客に注力したものもあります。もはやお祭りです（笑）。ただ、普段はあまり防災に意識を向けない層を巻き込む仕掛けとしては評価できます。行政の前向きな姿勢や試行錯誤の跡が見られますから。

　一方で、各地域で実施される防災訓練は、形骸化しているものが少なくありません。時期になったら「とりあえず」実施するというもの。参加者が多くても少なくても関係なし。自治会の役員を中心に集合し、時間のある高齢者（しかも毎回同じメンバー）で集まって災害時の基本的な動きを確認するというものです。

　もちろん、このような行動確認を定期的に行うことは大切です。しかしながら、参加者に偏りがあることには疑問を持たなければなりません。町内の一部の人だけしか参加していない、高齢者だけしか参加していない……といった偏りは、結局のところ防災訓練の効果を限定的にしてしまいます。

　有事の際に支援が必要になるのは「弱者」の方々です。高齢者、障害

者、妊産婦、子ども、外国人など。極端な言い方をすると、若く健康な方々の支援は後回しでもよいのです。自分で考え、自分の力で動くことができるのですから。そのように考えると、日頃の訓練は、弱者支援の訓練として行う必要があるとわかります。有事の際に、視覚障害、聴覚障害の方々とどのようにコミュニケーションをとるのか？　外国人の方の案内は誰が行うのか？　……などなど、行うべき対策は山積しています。そして、こうした対策に地域として前向きに取り組んでいくためには、防災訓練に幅広い世代の方々、特に若い方々の参加が不可欠です。

　それでは、どうすれば若い世代の参加を促すことができるのでしょうか。こうした疑問やその改善策を考えることを地域に丸投げするのは、少々乱暴なように思います。やはりこのあたりは、行政がアドバイザーとして積極的に地域に関わっていくべきではないでしょうか。全国各地の防災訓練の事例を収集し、活用できそうなものがあれば地域に紹介するなど働き掛けてほしいものです。


　以前、筆者が勤めていた自治体の事例ですが、市の東端の地域で開催される防災イベントが大きな賑わいを見せていました。その地域の代表者は市に対して批判的で、顔を出す度に「こいつらは役に立たないからな！」と厳しい言葉をいただいたものです（笑）。

　過去になにがあったかわかりませんが、行政に対する強い不信感を抱いていて、「有事の際に自分たちの地域は自分たちで守る」というスローガンを掲げて定期的に炊き出し訓練が開催されていました。行政の支援をあてにせず、自分たちだけの力で数日間は生き延びる術を身につけておこうというイベントでした。

　筆者も何度か顔を出させていただきましたが、子育て世代の若い方々の参加が多かったのが印象的でした。若い奥様たちが熟年奥様たちと一緒に米を研ぎ、若い旦那様たちが熟年旦那様たちと一緒に火を起こす……。その間、子どもたちは走り回って遊んでいます。

　驚いたのは、研いだお米を火にかけ待つ時間。20分間くらいだったと思いますが、この「なにもすることの無い時間」で地域の絆がみるみる

深まっていくのです。米研ぎや火起こしで一緒に作業をした連帯感によるものかもしれませんが、火を眺め炊き上がりを待つ20分間で自然に自己紹介や世間話が始まり、若い家族が町内会の役員に対して「蛍は見れますか？」、「夏休みに昆虫の観察会を企画したい」など、話が弾んでいる様子が見られました。

　本来の目的は地域防災力の向上だったはずです。しかし、「炊き出し」という体験は、若い世代にとってはキャンプ感覚で受入れやすく、また「お釜で炊いたお米を子どもに食べさせたい」という心理も参加を後押ししたのかもしれません。結果として、老若男女、幅広い世代が交流する機会として、この地域の防災訓練は毎回盛り上がりを見せています。

　地域で行う活動に多くの予算を掛けることは現実的ではありません。だからといって「なにもできない」と諦めるのではなく、ましてや「地域の問題だから」と放置するのではなく、行政として工夫を促すよう働き掛け続けることが大切です。こうした工夫こそ、地域の防災力の向上、地域コミュニティの形成につながるのです。

〈「地域防災」を考えるポイント〉
**防災訓練は災害弱者を想定して行うべきもの。様々な世代を巻き込み地域で支え合える体制づくりを。**

〈「地域防災」の志望動機形成ワーク〉
　今回のテーマである防災は、子育て支援と並んで非常に人気の高い志望動機のテーマです。地震、台風、洪水など、人々の不安があるところには行政の施策があります。しかも、防災のように人命に直結する施策は、決して形骸化したものであってはなりません。この視点で、既存の施策を調べてみましょう。

　また、人気の高いテーマの場合、面接官からの質問も、より深いものになると予想しておかなければなりません。ただし、これはむしろ喜ばしいこと。質問をしてもらえることであなたの熱意をより詳細に伝える

ことができるのですから。

　本番の面接であなたが志望動機を伝える際、どれだけ長くても1分程度だと思います。そのため、面接では面接官とのキャッチボールを想定し、数回のキャッチボールを通してあなたの熱意を伝える必要があるのです。あなたはキャッチボールの一投目で何を伝えますか？　この点を考えながら構成を考える必要があります。

　それでは、「面接官の視点」を意識しながら『追加質問（深掘り）検討ワークシート』に取り組んでみましょう。

【志望動機形成フローチャート】

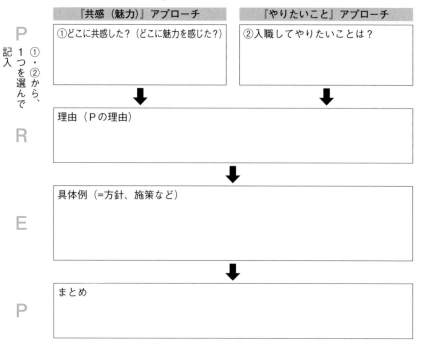

## 【追加質問（深掘り）検討ワークシート】

| P | |
|---|---|
| R | |
| E | |
| P | |

第1章

第2章

第3章

第4章

第5章

第6章

## 【ワークシート記入例】

| | |
|---|---|
| P | 高校時代に被災して帰宅できずに避難所で不安な思いをした。その際、職員の方のテキパキとした動きがとても頼もしく見えた。E市は地域防災計画の策定や防災マップづくり、防災シンポジウムの開催など、防災に積極的な自治体である。地域の絆を強固にし、お互いの安全を確保し合えるような体制をつくりたいため、地域防災力の強化に取り組みたい。 |
| R | 被災した際、高齢者や障害者に手を貸したり、子どもとコミュニケーションをとってあげるなど、共助の関係性の大切さを実感した。避難所は混乱しており、職員の人数も少なかった。有事の際に動けるためには、日頃から訓練をしておかなければ無理だと思った。 |
| E | E市では、SNSを活用した情報発信など、自治会主導の防災訓練に対して、多世代の参加を促す働きかけが行われている。しかし、参加者が固定化され、高齢者の割合が多かったように見えた。S区ではフェス形式で開催し、お祭り感覚で参加者が楽しんでいるという。こうした工夫も今後は検討してみてはどうか。 |
| P | 学生時代にはサークル内の様々な課題に向き合い続けてきたため、入職後は、私の強みである「粘り強く課題に向き合う姿勢」を活かし、E市の外国人居住者が多い状況などにも配慮し、地域の特性を踏まえた実行力のある防災訓練の普及に取り組んでいく。そのためには、要支援者になり得る人の参加を積極的に促し、地域一丸となって支援の在り方を一緒に考える機会を設ける必要がある。 |

地域防災力とは何か？

E市の防災施策を知っているか？

なぜ地域防災に関心を持ったのか？

共助の関係性とは？

被災した際の避難所の様子はどうだったか？

避難所運営において課題に感じたことはあるか？

実際に防災訓練に参加した印象は？

多世代の参加を促す方法とは？

他の自治体の成功事例を調べているか？

粘り強さはどこで培ったのか？

E市の地域特性とは？

今後、どのような防災訓練が必要か？

第1章

第2章

第3章

第4章

第5章

第6章

# 6 / 労働政策

**Speaker**

**F県庁　労働政策課　若年者雇用担当　Nさん（男性）　入職8年目**

## 働かないことに困っているのは誰か

——労政に異動して何年になりますか？　仕事は慣れましたか？

Nさん　おかげさまで今年で3年目になります。異動した当時は何が何やら分からず悩んでいましたが、その節はいろいろとアドバイスいただき、本当に助かりました。

——自治体のなかではあまりメジャーな仕事ではありませんからね。ところで、「労働政策」というと、基本的なところは国の機関であるハローワークが担っていますが、実際に担当してみて気づいたことや、具体的な仕事内容について教えてもらえますか？

Nさん　実際に働いていてみて感じたことは、大学のキャリアセンターみたいな仕事だということです。合同面接会を主催したり、相談会を実施したり。県単独で行うこともあれば、ハローワークと共催で行うこともあります。ただ、大学のキャリアセンターと明らかに違う点は対象年齢が幅広いことです。私は若年者担当だから対象は35歳未満ですが、別の職員は高齢者の再就職支援やひとり親家庭の就労支援を担当しています。

——若年者の担当というと、具体的には？

Nさん　若年者の支援で一番大変なのはニートの支援なんです。働く意

思がなくて自宅に引きこもったりしている人なので、なかなか接触でき
なくて。仕事を探そうとしている人は求人サイトを見たりハローワーク
に行ったりするでしょう？　そんな人は背中を押してあげやすいんです。
若さを武器にして幅広くアタックしていけば就職先もなんとか見つかり
ます。でもニートはそもそも就活に向けて動こうとしないから。……と
いうより動こうとしない人のことを「ニート」と呼ぶわけなんですが。

　だから、こちらが企業とのマッチングイベントや就職支援イベントを
開催しても参加してくれないんですよ。多くても３人程度とか。親御さ
んに無理矢理連れてこられたような若者がチラホラ。ゼロ人なんて日も
ありました。

——それは大変だ…。上からも厳しい評価を受けるんじゃないですか？

Ｎさん　お察しの通りです。行政は実績を求められますから、参加人数
の報告のときはいつも頭が痛いです（笑）。でも、今年になって苦し紛
れにやってみた講座が大当たりしたんです。

——まさか、ニートがたくさん集まった？

Ｎさん　そのとおり！　と言いたいところですが少し違います。集まっ
たのは「ニートの親」。

——親？

Ｎさん　そうなんです。これまでのことを振り返ってみたんですよね。
そうしたら、ニートの就職を心配してるのは本人よりもむしろ親なんじ
ゃないかって思えてきて。講座の申し込みも親からの電話がほとんどだ
し、窓口に相談に来るのも親だし。
　完全に先入観で……これまでは「ニートの支援だからニートに焦点を
当てなきゃ」って思っていたんですけど、状況を改めて分析してみると

苦悩している親の姿が見えてきたんですよ。

　そこで、「ニートの親のためのセミナー」を企画して家庭でできる就職支援と現状の雇用情勢の紹介を企画してみたところ、定員30人のセミナーが満席。県外からの参加者もいてビックリでした。

——保護者も悩んでいるということですね。

　Nさん　心配なんだと思います。自分が働けなくなった後のことを考えると……。近所や親戚の目も気になってるんじゃないでしょうか。だから普段は誰にも相談しにくいのかもしれません。その証拠に、セミナーの最後の質疑応答は30分も延長しましたし、終わった後も施設のラウンジで立ち話している人たちもいたりして。

　もしかしたら、本当に悩んでいる人を見つけて柔軟に支援の形を変えていくのは、国よりも地域に近くて身軽な地方自治体の方が取り組みやすいのかもしれませんね。

## 成果の手ごたえを奪ったまさかの存在

——今後は保護者をターゲットにして進めていくつもりですか？

　Nさん　私はそうすべきだと思っていたんですが。……実は、ウチの若年者向けの支援は今年度で終了になったんです……社長の意向で。

——社長って…知事の？

　Nさん　大切な仕事だと思うんですけど、実績が出ない以上予算は割けないんでしょうね。そもそも実績が出にくい仕事だということを上はわかってくれないから。もちろん担当として抵抗してはみたんですが……でも、ダメでした。票につながりにくい施策は上の一声で簡単に打ち切られてしまう……。

——未解決なのに打ち切られるとは……。

Nさん　公務員の仕事は「弱者保護」。これは先生から徹底的に叩き込まれたし、その通りだと思っているんですけど、現実は「弱者保護」すらさせてもらえないことがあります。要領のいいヤツらは上層部と上手く関係をつくっておいて、予算要求の段階では既に内諾を得ていたりもするみたいだけど。私はそのあたりの裏工作があまり得意じゃないから……（笑）。

——公務員の黒い部分を見ちゃいましたね……。

Nさん　世渡りのスキルも磨いておけばよかったと思いましたよ（笑）。
　現場を知っているのは上司よりも担当者。でも、上司のOKをもらえないと仕事が進まないのが公務員。だから、現場をよく知ることと、上司を上手く使うスキルの両方が必要だということですね。私もこの一件で痛感しました。

## 公務員自身のキャリアとは

——たしかに、そのあたりのことは大学や予備校では教えないかも……。

Nさん　公務員試験には直接関係しないことですからね（笑）。でも、キャリア選択として公務員を考えているなら、その環境で上手にパフォーマンスを発揮する術は勉強しておいて損はないと思います。後輩が受験を考えているようなら、是非そのあたりのことも伝えてあげてください。
　勉強といえば……若年者支援の担当になってから「キャリアコンサルタント（国家資格）」を取得したんです。先生と同じ資格です（笑）。

——それは頑張りましたね！　仕事との両立は忙しかったでしょう？

Ｎさん　週末にコツコツとやりました。

　若年者向けのイベントを企画するときに外部講師をお招きしていたんですが、この資格は講師の方々が共通して持っている資格で、名刺にも書いてあって……。「そういえば先生も同じ資格を持っていたなぁ」って。だから、持っていると仕事がやりやすくなるんだと思って頑張ってみました。

　私が公務員受験をしていた当時、ゼミでディスカッションをやったのを覚えています。テーマは、『公務員はゼネラリストかスペシャリストか』でした。多くのゼミ生が「ゼネラリスト」を主張するなかで、先生は「もっとよく考えてごらん」と言って延々と時間を延長していましたよね。あのとき、先生が私たちに何を気づかせようとしていたのか、今になってようやく分かってきたような気がします。


——え？　今？　……あのときは分かっていなかったの（笑）？


Ｎさん　いえ、ぼんやりとは理解したつもりになってたんですが（笑）。先生も何やら一生懸命説明していたし。でも、ようやく腑に落ちたというか。ようは、ゼネラリストっていうのは、「結果論」っていうことですよね？　人事異動でいろんな部署を回りながら、その場所で担当する仕事のスペシャリストを目指す。その結果として、何十年後かに幅広くなんでもできる人、つまりゼネラリストができ上がっている、というイメージ。

　だから、職員のマインドとしては常にスペシャリストであるべきなんです。少なくとも自分の担当業務に関しては。だからそのためのスキルアップは常に考えているつもりです。


——私が伝えたかったことは、だいたいそんなところです。それにしても、あのときは理解してくれていなかったのか……。

Nさん　もういいじゃないですか（笑）。でも、今回のように資格を取得したのに異動になってしまうとショックではあります。ただ、幸いにもカウンセリングの資格なので、窓口対応や他の職員とのコミュニケーションにも役立っているので勉強してよかったです。

　思うようにいかないことも多いけど、若年者のキャリアを支えるつもりが、こんなふうに自分のスキルアップにつながったりもしますから、役所の仕事は面白いです。

　今はファイナンシャルプランナー2級を勉強しています。これは一生涯のお金を計画できる知識だから、高齢者やシングルマザーの支援にも使えるんじゃないかと思って。


〈インタビューを振り返って〉
　民間企業の営業職や販売職の方々が「ノルマ」に追われていることは、皆さんもご存知でしょう。一方で、公務員はこうしたプレッシャーとは無縁で、のんびり働けそうな印象を持っている方もいるかもしれません。しかし、公務員も数字を求められます。例えば、何らかのイベントを開催するとします。シンポジウムのような大規模なものからセミナーや講座のような小規模なものまで様々ありますが、その全てにおいて実績報告をしなければなりません。

　多くの自治体で11月頃に開催される「産業まつり」などは、比較的人気の高いイベントです。地元の農産物を安価で購入できたり、子ども向けのヒーローショーが行われたりしますから、幅広い世代の来場者で賑わいます。一方で、ニート向けのセミナーなどは集客が困難です。主催者側の想いと参加者側のニーズが一致していないことが原因なのは明らかですが、とはいえ、担当部署としてなにもしないわけにはいかず、成果の乏しいことがわかったうえで動かざるを得ません。結果、実績報告の際に担当者は肩身の狭い想いをすることになるのです。

　そんなとき、「しかたがない」で済ませるのではなく、検証し改善す

る姿勢が大切になります。どうすればよくなるか、真のニーズはどこにあるのか、よく考えて成果が出るよう事業内容を見直します。公務員だってPDCAサイクルを回すのです。決められたことを淡々と行っているわけではありません。こうした試行錯誤が成果に結びつけば、今後の施策立案の際の糧になります。公務員は住民のニーズを手探りで探しながらよりよい仕事を追求しているのです。

　また、公務員の仕事、特に都道府県や市区町村の仕事に対して「ゼネラリスト」と表現することがあります。スペシャリストではなくゼネラリスト。これはその通りです。いろいろな仕事を行う必要がありますし、実際に人事異動であちこちの部署に動かされますから、特定の分野を集中的に極めていくことはできません。どんなことでも「ある程度のレベル」でできる人が求められているということです。

　ただ、働く職員のマインドとしては「スペシャリスト」であるべきだと思うのです。いろいろな人の力を貸していただく謙虚な姿勢を大切にしつつも、「専門外だから」、「スペシャリストじゃないから」と諦めるのではなく、一生懸命に勉強する。あなたが担当する対象者の方々に「この人が担当者でよかった」と安心していただけるよう全力で自分を高める。この姿勢は仕事を「楽しい」と感じさせてくれる原動力になります。せっかく知識を身につけても直ぐに異動になったり、上司の一声で事業が消滅することは確かにあります。それでも、あなたが「スペシャリスト」を目指して取り組んだ時間は無駄にはなりません。なにより、そんなあなたの姿を周囲は見ています。異動した先々でこうした姿勢で仕事に向き合う経験は、将来的に質の高いゼネラリストになるための財産になるはずです。

〈「労働政策」を考えるポイント〉
①先入観にとらわれず状況を分析して「支援すべき対象」を見極める。
②自治体職員はゼネラリスト。でも、スペシャリストのマインドで日々

学んでいる。

### 〈「労働政策」の志望動機形成ワーク〉

今回のテーマは労働政策。役所では「労政」と略されることが多いです。志望動機のテーマとしては比較的マイナーですが、地方部では非常に重要な役割を担っているのをご存知でしょうか？　理由は、労働力人口の減少問題があるからです。若い世代の就労支援はもとより、外国人労働者の確保、障害者の就労や高齢者の再就職支援も考えていかなければなりません。したがって、労政を担当する職員は、地域の安定的な成長を長期的な視野で考える必要があるのです。

それでは、「面接官の視点」を意識しながら『追加質問（深掘り）検討ワークシート』に取り組んでみましょう。

第1章
第2章
第3章
第4章
第5章
第6章

## 【志望動機形成フローチャート】

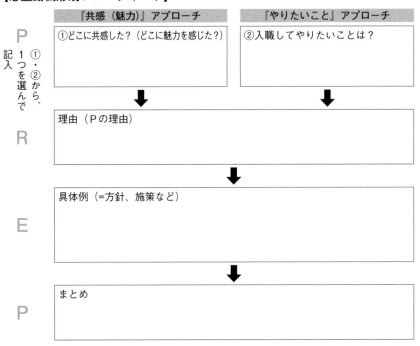

P
記入
①・②から、1つを選んで

『共感（魅力）』アプローチ
①どこに共感した？（どこに魅力を感じた？）

『やりたいこと』アプローチ
②入職してやりたいことは？

R
理由（Pの理由）

E
具体例（=方針、施策など）

P
まとめ

【追加質問（深掘り）検討ワークシート】

| P | |
|---|---|
| R | |
| E | |
| P | |

**【ワークシート記入例】**

| | |
|---|---|
| P | 労働政策というとハローワークのイメージだったが、県でも住民のために就労支援をしていることを知り、興味を持った。県主催の合同企業面接会では、多くの出展企業があった。多様な立場の方々に対する労働政策を展開し、働く機会の創出に尽力するＦ県の姿勢に共感した。 |
| R | 労働力人口の減少が予測されるなか、一人でも多くの方に働く機会を提供することは急務である。この点で、Ｆ県が行う合同企業面接会は貴重なマッチングの機会として有効。ただ、多くの若者が県外に就職していくため、県内の企業のワークライフバランスの推進やそのPRなども行えればよいと思う。また、外国人労働者の確保も視野に入れ、今後は言語や文化に対する理解を企業に広めていくことも必要だと考える。 |
| E | PCスキルなどのビジネススキルの養成は全国的に行われているが、Ｆ県では、ひとり親家庭、高齢者などに対して、ハローワークとの連携や県ならではの補助制度など、県の特性に合う柔軟な施策の展開により、雇用の機会を創出している。また、若年者を対象としたジョブカフェは、職業紹介だけでなく、職場体験の相談もできる。利用のハードルが低く、利用しやすい施設となっている。 |
| P | 入職後は、アルバイトの後輩指導の経験で培った課題発見力を活かし、施策の効果を最大化できるよう「現状の分析と改善」に取り組んでいく。特に、若年者の集客は課題だと思われるため、Ｆ県が行った親向けのイベントのような本当に悩んでいる人を見極めた施策を講じていきたい。 |

なぜ、労働政策に関心を持ったのか？

県主催のイベントに訪れたことはあるか？

現状の労働力人口の不足に対して県が行うべきことは？

将来の労働力の確保のために県が行うべきことは？

県内の企業を選んで就職してもらうためには？

就労支援サービスにはどのようなものがあるか知っているか？

F県ならではの施策とは何か？

利用してみたいサービスはあるか？

分析や改善に取り組んだエピソードはあるか？

既存の課題の施策は何か？

第1章
第2章
第3章
第4章
第5章
第6章

# 7 / 地域協働

Speaker

G区役所　地域協働課　地域コミュニティ担当　Sさん（女性）　入職5年目

## 関心を持ったきっかけが試験対策？

——いかがですか？　念願の地域コミュニティの仕事は？

Sさん　念願というか、希望はしていたので有難いとは思っていますが、なかなか難しい仕事ですね。

——Sさんが地域コミュニティに関心を持ったきっかけについて教えてもらえますか？

Sさん　正直なところ、「論文試験」の対策のためだったんですよ、最初のきっかけは（笑）。論文ってどんなテーマが出題されるかわからないじゃないですか。過去問はチェックしましたけど、全部を網羅することなんてできないし。過去問と同じテーマが出題されるわけじゃないし。それで汎用性の高い分野として「地域コミュニティ」に注目したんです。

　ゼミのディスカッションでもやりましたよね？　「地域防災」、「子育て支援」、「高齢者支援」、「環境保全」、「異文化交流」…これら全部が地域コミュニティと結び付けて解決策を提案できましたから。

——なるほど。論文対策で取り組んだ地域コミュニティ関連の施策研究で関心を持つようになったわけですね。

Ｓさん　そうですね。どんなテーマでもできる限り地域コミュニティに結び付けて構成するつもりでしたから、具体例は徹底的に調べたつもりです。そのなかで出会った「遠くの親戚より近くの自治会」っていうキャッチコピーは、今でも覚えていますよ。「なるほどなぁ」と思って、自治会や地域コミュニティに関わる仕事をしたいと思うようになりました。

## 自治会加入のメリットが伝わらない

——自治会って、町内会のことですよね？　やっぱり若い方が入りたがらないんですか？。

Ｓさん　自治会も町内会も地域によって呼び方が違うだけで意味は同じなんですが、若い人の加入については多くの自治会で課題になっているようです。理由はいろいろですが……。自治会の役割が負担だとか、仕事しているから時間がないとか。でも、たぶん人とのつながりを持つのが面倒だと思っているんじゃないかなと思います。今の人たちはほとんどSNSで繋がっているでしょ？　だからご近所付き合いなんてあまりしたことがないだろうし、その必要性も感じないのかもしれない。しかも自治会を仕切っているのってほとんどが高齢者だから、そのなかに入っていって若い方が居場所を見つけるのって難しそうに感じるのかも……。

——そんなイメージはありますね。

Ｓさん　そのイメージが若い人の自治会加入を躊躇させているんだと思います。
　自治会に加入するメリットもPRしてはいるんですが、ネガティブな点ばかりが注目されちゃって。自治会費の徴収とか。
　だから、あまり自治会への加入を積極的に考えようとする人が少ない

のが現実です。

——自治会に加入するメリットを知らない人が多いのかもしれませんね。

Sさん　そうですよね。仕事で疲れて帰ってきて、週末くらい家族団欒で周囲に気兼ねなく時間を使いたい。そんなときに地域の人たちに気を遣うために時間をとられたくない……。そんな風に考えてしまうとメリットには目を向けられませんよね。

　でも、地域とのつながりをもっと前向きに捉えられると、違った見え方ができるようになるはずなんです。例えば、地域で夏祭りが行われることは、小さな子どもを持つ若い世帯にとってはメリットでしょう？地域美化の活動も暮らしやすい環境づくりを実現できるという点でメリット。自治会や町内会といった地域全体で議論できる会議体に所属できていることも、ご近所問題や地域の課題に対して孤独に悩まなくてすむわけですし。あとは有事に対する備えでしょうか。災害が発生したとき、被災したときに心強いと思います。「遠くの親戚より近くの自治会」とはまさにこのことですよね。

——これだけのメリットが伝わらない理由はどこにあると思いますか？

Sさん　地域づくりに対して前向きに考えられていないのかもしれませんね。わざわざ団結してまで自分たちで地域を守る必要なんてあるの？地域を守るのは行政の役割、だから勝手にやってくれ。俺たちは日々の生活をしていくだけで必死なんだ、って。

　それに、これらのメリットも自分がその状況に直面して初めて気がつくことばかりだから、前もって理解を得て行動を促すのは簡単なことではありません。

## 自治会以外の地域コミュニティの難点

──自治会への加入以外の方法で地域コミュニティを形成することは？

Sさん　地域内で人と人とのつながりが形成できていれば、様々な方向に可能性が広がっていくのは間違いないので、それも一つの方法だとは思います。例えば、公民館で開催される「健康体操」や「囲碁教室」のような活動も「つながりをつくる」という意味では有効でしょう。週末にやっている少年野球やサッカーチームもコミュニティの一つと言えます。

　ただ、こうした「自治会以外のコミュニティ」には限界があると思っています。

──限界？

Sさん　参加者が限られる点です。自治会であれば、そのエリアの人が加入さえしてくれれば、地域のほぼ全員の人がコミュニティに所属することになりますよね。でも、趣味や健康を目的とした活動の場合、そこに興味のある人しか加入しません。そうなると加入できない人、加入しようとしない人が確実に存在するわけです。

　また、コミュニティのなかの年齢の幅も限定的になります。健康体操や囲碁教室であれば高齢者中心になりそうだし、少年サッカーチームであれば小学生とその保護者ばかりになりそう。そうなってしまうと、例えば有事の際にコミュニティを活かそうとしても、上手く助け合いが機能しないかもしれない。特に高齢者のみで形成されているコミュニティの場合は、高齢者が高齢者を助ける、なんていう形になっちゃったりして。だから様々な世代が入り交じっている自治会のようなご近所組織がコミュニティとしては理想なんです。

──だから区として自治会への加入を推奨しているわけですね。

Sさん　そういうことです。

　趣味の集まりから得られるものは確かにたくさんあると思います。楽

第1章
第2章
第3章
第4章
第5章
第6章

しく集まってワイワイすることで、仲間ができたりリフレッシュしたり充実感を得られたりしますから。健康や生きがいの点からはとても意味のある活動です。

でも、そこに私たちが仕事として関わるのは少し違うと思いませんか？　地域協働課の立場からコミュニティを支援する以上は、コミュニティが形成されることで生まれる地域のメリット、例えば有事の際の弱者保護みたいな視点は頭の片隅に置いておきたいと思っています。

ただ楽しいだけの集まりではなくて、地域コミュニティの機能や期待される役割を考えて、その充実を図っていくような「備え」を進めていくことが私たちの仕事ですから。


〈インタビューを振り返って〉

住民が自治会（町内会）に積極的に加入してくれるようになることは、行政の永遠の課題です。本当の意味での住民自治を実現するためには、地域の能動的な活動が不可欠であることは言うまでもありません。また、近年では有事の際における共助の仕組みの土台として、自治会の活性化が注目されているところです。

筆者が住んでいる地域にも自治会があります。新規入居者のお宅に自治会役員が訪問し、自治会への加入案内と自治会費の説明を行います。ほとんどの住民は表向き快く加入し、会費を支払います。筆者もそうでした。しかしながら、そのなかの何割が「積極的に」加入しているのでしょうか。

自治会への加入は、地域コミュニティを形成するための最初の一歩にすぎません。大切なのは、そのなかで積極的に活動をする人たちがどれだけいるかということです。自治会活動のなかには定期ミーティングや清掃活動など「面倒だな」と思われる活動もあります。自治会費を負担に感じる人もいるでしょう。自治会活動に対するこうした感情をひっくり返し、「やりたい！」、「楽しい！」と思ってもらえればよいのですが、それはなかなか難しいものがあります。

それでは、「面倒だけどやる」を促すためにはどうすればよいのでしょか。自分たちの地域のことだから自分たちが考える、自分たちの地域のために自分たちが行動する。これらはごく当たり前のことのように思います。しかし、それをつい他人任せにしてしまう。そこには、地域に対する愛着の乏しさがあるのかもしれません。この地域は住みやすい、この地域に住んでよかった、この地域が好き、ここは私たちの町だ……こうした感情の蓄積が地域への愛着を育み、地域に対する活動を積極的に考えようとする姿勢を後押しするのではないでしょうか。

　地域コミュニティが活発に機能している地域は、地域の活動に多くの住民が参加します。あるいは、地域の活動に参加した結果として地域への愛着が育まれ、活発な地域コミュニティが形成されたのかもしれません。

　卵が先か、鶏が先か……。

　いずれにしても、行政の役割はその地域に合った様々な仕掛けを提案し続けることです。優れた先進事例を収集し、紹介し続けることです。こうした行政の地道なアクションが、手探りで行われている既存の住民自治を一歩前進させるヒントを投じることになるのです。

## 〈「地域協働」を考えるポイント〉
**幅広い世代が加入する自治会（町内会）には、共助の土台としての様々な機能が期待されている。**

## 〈「地域協働」の志望動機形成ワーク〉
　今回のテーマは地域協働。具体的には地域コミュニティについてのお話でした。このテーマは、都市部の方がより深刻な課題を抱えているかもしれません。人の出入りが激しいなかで、どうすれば地域の絆を築くことができるのでしょうか？　地域への愛着の有無、高齢化する役員と若い住民との価値観の相違など、課題はいくつもありそうです。地域コミュニティを活発にすることは誰もが理想だと考えています。ただ、それが上手くいかない要因があることを念頭におきながら、行政の施策を調べてみてください。

それでは、「面接官の視点」を意識しながら『追加質問（深掘り）検討ワークシート』に取り組んでみましょう。

【志望動機形成フローチャート】

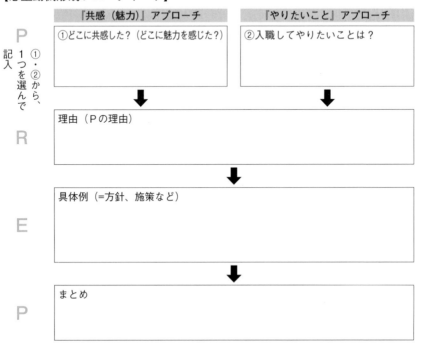

【追加質問（深掘り）検討ワークシート】

| | |
|---|---|
| P | |
| R | |
| E | |
| P | |

第1章
第2章
第3章
第4章
第5章
第6章

**【ワークシート記入例】**

| | |
|---|---|
| P | 最近は地域コミュニティが希薄化し、地域への愛着や近所の人とのつながりが薄れてきているように思う。幼少期の頃は両親に連れられて地域の夏祭りや清掃活動に参加した記憶があるが、最近はそのようなイベントが開催されなくなった。職員として地域コミュニティの活性化に関わる仕事に携わりたい。 |
| R | 核家族で共働きの世帯には負担が重く、また都市部では人口の出入りが激しいため地域への愛着が薄いなど、地域コミュニティの構築には大きなハードルがあるが、地域における人と人とのつながりは、安心して暮らすことができる地域づくりの基盤になる。例えば、登下校中の子どもと挨拶を交わしたり、急な雨で干しっぱなしの洗濯物が濡れている家庭に声を掛けたり。こうした小さな交流は、人が社会のなかに居場所を実感する貴重な機会である。 |
| E | G区では自治会の加入率を向上させるため世代間交流イベントの事例を紹介するなど、様々な施策を講じ、幅広い世代の加入を実現させている。こうした取り組みにより、有事の際などの共助を効果的に機能させることができる。<br>今後は、外国人にも枠を広げ、外国人が地域で孤立しないような交流イベントを企画するとよいのではないか。また、若い人の意見を自治会活動に取り込めるよう、若い世代の分科会を設けるなど工夫をしてみてはどうか。 |
| P | 地域には様々な価値観を持つ人がいるためコミュニケーションに苦戦する場面もあると思うが、私は楽観的な性格で学生時代も学園祭執行部として企業との調整を粘り強く行ってきた経験もあり、ストレス耐性も高いと自負している。入職後は私の強みである「楽観的に物事を捉える力」を活かし、失敗を恐れず勇気を持って地域に関わり、地域の特性を把握し、それぞれの地域にマッチするコミュニティ構築施策をたくさん提案したい。 |

なぜ、地域コミュニティに関心を持ったのか？

地域の活動に参加したことはあるか？

地域コミュティ構築の難しさは何か？

地域の繋がりを実感するのはどんなときか？

地域のつながりを煩わしいと感じる若者もいるようだが、この点についてどのように考えているか？

既存の施策について調べているか？

地域コミュニティが構築されることによるメリットは何か？

課題や改善点はあるか？

「楽観的に物事を捉える力」を発揮したエピソードはあるか？

職員としてやってみたいことはあるか？

第1章

第2章

第3章

第4章

第5章

第6章

# 8 / 税務

**Speaker**
**H市役所　資産税課　土地・家屋担当　Mさん（女性）　入職3年目**

## 役所の税の仕事はマイナー？

――まず、税務署との違いを簡単に説明していただけますか？

Mさん　取り扱う税目の違いです。税務署は国の機関ですから国税を取り扱います。所得に対して課税される所得税や法人税、また、贈与税や相続税も知名度高いですよね。一方で、私たちは地方税を担当します。例えば、固定資産税や都市計画税など。ちょっとマイナーでしょうか（笑）？

――確かに、都市計画税はあまり聞かない税目かもしれませんね。ところで、「税」というと、滞納の問題がありますよね？　督促をしたりすることもあるんですか？

Mさん　担当によっては、ありますね。私は土地や家屋などの固定資産の評価をする担当なので、あまり関係しませんが。

――固定資産の評価というと？

Mさん　例えば、新築住宅を建てるとするじゃないですか。そうすると入居後間もなく役所の職員が訪問に行くんです。図面を見せていただきながら、キッチンの大きさ、お風呂の大きさ、階段の数、トイレの数、床暖房の広さ、独立洗面台の大きさなどを確認しながら財産価値を評価していきます。その評価額を課税のベースにして、今後の税額を算出す

ることになります。

——重要な仕事ですね。

Mさん　そうですね。ここで今後の税金の額が決まってしまいますから。住民の方々もその点はご存知なので、お宅に訪問して調査させてもらっている間中、じーっと見られて視線が痛いと感じるときもあります（笑）。

——なるほど。では、Mさんたちは家屋や土地の評価をして税額を決めるところまでを担当しているということですね。

Mさん　今のところは、そうですね。ちなみに、督促については、税の部署内に頼もしい職員が控えているのでお任せしています。意図的なのか偶然なのか、強面の男性陣が抜擢された精鋭部隊です（笑）。

——強面の男性陣……。適材適所ということですね。

Mさん　はい、私ではとても務まらないと思います。でも、必ずしも適材適所でもないのかな？　私の場合、文化系で体力に自信なかったんですよ。運動なんてほとんどやってこなかったのに、なぜか資産税に配属されましたから。

## 税＝机仕事かと思ったら

——体力勝負なんですか？　「税」というと典型的な事務仕事のイメージですが。

Mさん　私もそう思っていました。だから、配属先を知ったときはガッツポーズでしたよ。でも、実際は全然そんなことなくて。確かに事務仕事もたくさんあるんですが、大変なのは現地調査。年に数回、担当総動

第1章

第2章

第3章

第4章

第5章

第6章

員でエリアを決めて行うんですが、全て網羅するまで来る日も来る日も
ひたすら市内を歩き回るんです。目的は「土地の利用形態が変更になっ
ていないか？」とか「家屋が取り壊されていないか？」をチェックして、
実態に合わせた適切な課税を行うための調査なんですが……。

　私なんて地図は読めないし、体力はないし、要領も悪いし……慣れる
までは悲惨でした。朝礼が終わって3〜4人で車に相乗りして、朝9時
頃に市内の所々に一人ずつ放り出されるんですよ。そして、夕方の合流
場所と時間だけ決めておいて、それまで各自で担当エリアを調査して、
地図にチェック入れて……。先輩たちは仕事が早いから合流場所でジュ
ース飲みながら遅くなった私を待っててくれるんですけど、最初のうち
は申し訳なくて悩んだ時期もありました。

——それはプレッシャーを感じますね。各自で車を運転して現地に向か
　　うことは難しかったんですか？

Mさん　それができれば先輩を待たせる焦りはないんですが、庁用車も
台数に制限がありますから。他の部署でも使うので、私たちだけで独占
するわけにはいかないんです。だから、やむなく相乗りで対応していま
した。

——今は仕事にも慣れて体力もついて、いくらか働きやすくなりました
　　か？

Mさん　慣れてくると楽しめるようになりましたね。現場に出ていると
時間が経つのが早いですし。なにより、自分が働く市のリアルな変化を
自分が一番最初に発見して、その情報を仲間と共有したりすることって
楽しいじゃないですか。

——想定外の外回りの仕事のなかに、魅力を見つけられたということで
　　すね。

Mさん　はい。やってみないと気づかない魅力ってあるんだなぁと思いました。これからもいろんな仕事に対して選り好みせずに向き合ってみようと思う原動力になりましたよ。

——土地や建物以外の担当にも興味がありますか？

Mさん　どうでしょう？　そういえば、ちょうど先月行われた勉強会で、他の自治体で働いているゼミの後輩と再会したんですよ、偶然。彼女も資産税の分野なんですが、償却資産を担当していました。

——償却資産？

Mさん　土地や家屋以外の事業用の資産のことです。ですから、彼女の担当は一般のお宅ではなく、新築のオフィスビルやホテル、商業施設が建ったときに家屋評価の担当者と一緒に評価に行っているみたいです。その目的は、何を家屋として、何を償却資産として課税するのかの線引きをすることになります。

——なんだか複雑そうですね……。

Mさん　評価は必ずルールに基づいて行われますから、慣れてくれば大丈夫だと思います。例えば、天井埋め込み式の空調機は家屋ですが、ルームエアコンのような外付けのものは償却資産です。この場合、壁のなかの配線は家屋になります。あとは、ホテルやオフィスビルのカードキーシステムも、壁にカードリーダーがついていると償却資産ですが、ドアについているとあくまでも「ドア」として家屋の評価項目になります。ただ、彼女の場合は相手が事業者なので、個人を相手にしている私に比べると面倒なやりとりが多いみたいですよ。
　先日も、台帳に古い冷蔵庫やショーケースが載っているお菓子屋さんを見に行ってみたら、明らかに新しい設備に入れ替わっていて、申告の

し直しを依頼しようとして一悶着あったみたいです。

——事業者もなんとかして出費は抑えたいでしょうからね。そこを明らかにして改善を促すというのも骨が折れそうですね。

Mさん　そうですね。ただ、土地も建物も設備も、役所に保管してある台帳だけでは判断できない部分があるのも事実なので……。課税の公平の観点から、課税漏れがあってはいけませんし、逆に二重課税になってしまってもマズいですからね。

## 若いうちに「税」を学べてよかったワケ

——ちなみに、学生時代は税を勉強していたんですか？

Mさん　全くしていません（笑）。日本文学専攻ですから、私。漱石や鴎外が大好きだったんですよ。卒論も、芥川賞や直木賞みたいな文学賞の在り方について研究しました。でも、日本文学なんて汎用性がないじゃないですか。だから、どの部署に配属されても一から勉強しなきゃいけないことは覚悟の上でした。もっとも、公務員を志望する時点で「税」への配属は視野に入れていましたから、そこはなんとか適応しようと思っていました。

——実際、覚えることは多いですか？

Mさん　多いですね。他の職場と比べても多い方だと思いますよ。先輩から言われたのは「若いうちに税を経験できてラッキーだったね」って。今のところラッキーだったと思ったことはありませんが（笑）、上司を見ていると大変そうだな、と同情することはあります。

——例えば？

Mさん　固定資産の評価が変更になって、結果として税額が上がるとするじゃないですか？　すごく微妙なケースで。もちろん問い合せがあれば丁寧に説明はするんですが、なかなか納得していただけないこともあるんです。そんなときは、上司に相談して指示を仰ぐことになるわけですが……。

　係長職で未経験で税に配属された上司なんかは、知識がないのにこうした部下の相談に応じないといけないわけです。だから、配属直後はしばらく残業して、土日にも出勤して仕事や制度を必死に覚えていました。理解できないところは私みたいな下っ端にも質問したりして。今の係長は低姿勢な人だから仕事に慣れていなくても職員に慕われていますけど、これがプライドの高い人だったらどうなるんだろう……。

——年齢が上がると物覚えも若い頃のようにはいきませんからね……。

Mさん　そうなんですよ。覚えは悪いし、責任は重いし……。自分があの立場だったらちょっとキツいと思います。だから、覚えることが多い部署はなるべく若いうちに経験しておきたいと考えるようになりました。


〈インタビューを振り返って〉
　公務員の仕事というと、「税」を連想する人も多いのではないでしょうか？　自治体の財源を確保する歳入を支える「税」の仕事。言うまでもなく、とても重要な役割を担っています。

　国税でも地方税でも、共通するのは「課税の公平」の理想。租税法律主義のもと、職員はルールに基づいて適正な課税を行わなければなりません。

　しかし、固定資産のように、現況が変化するものもあります。例えば、「住宅が建っていたところが更地になった」、「農地だったはずなのに建物が建っている」など。このような場合には従来の評価を見直し、実態

に合わせた資産評価をする必要があるわけです。

　例えば、農地の場合には税制面で優遇措置を受けられることがあります。それは、農地の保全や農家の支援を目的とした制度上の配慮ですが、それが耕作放棄地となり、あるいは別の用途に使用されているような場合には優遇措置が外れます。こうした場合、本来であれば土地の権利者が役所に対して報告しなければなりません。しかし、それが行われない場合、役所は現況を従来のままとして課税を継続することになるわけです。これでは、誠実にルールを守って報告義務を果たした権利者との間で不公平が生じることになります。そこで、役所では、定期的に現況調査として現地を巡り、役所が把握している情報との相違がないかの確認を行っています。

　「税」の仕事というと、システム上で税額を算出し、納税通知書を発送したり、窓口や電話で問い合せやクレームに対応するイメージがあるかもしれません。しかし、「課税の公平」を支えるため現場に足を運び、地域を巡るという地道な仕事をしている職員がいることも覚えておいてください。

　また、「税」は覚えることが大変多い仕事です。基本的なルールについては職場内のマニュアルを理解し、細かな点については先輩や上司から学ぶことで仕事に対応することになるでしょう。また、「税」は毎年といっていいほどいずれかの税目の制度が変更されています。地方税も例外ではありません。変更があったときには速やかな対応が求められます。あなたが担当する税目であれば、積極的に外部の勉強会に参加するなどして変更点を把握し、情報を持ち帰って部署内で共有しなければなりません。そして、職場に備えられているマニュアルを書き換える必要があります。この対応が遅れたり不十分だったりすると、住民に多大な迷惑をかけることになってしまいます。このあたりの仕事はシビアです。したがって、情報に対するアンテナの高さや、責任感のある働き方が求められることになります。

　職員の人事異動は、必ずしも希望が叶うものばかりではありません。

大学の専攻とは全く異なる部署に配属されることもあります。このような公務員に「学び続ける姿勢」が求められることは言うまでもありません。配属された職場で、任された担当業務に責任を持って取り組み、そのなかに少しでも楽しさを見つけること。それが、異動の激しい地方公務員の職場で長く活躍していくコツです。ただ、もし可能であるなら、覚えることが多い部署は若いうちに経験しておくことをオススメします。「税」などの細かなルールを正確に把握することが求められる職場に、中高年になって初めて配属されて対応に苦労する職員は少なくありません。逆に、若いうちに一度でも経験しておくことができれば、後に昇格して戻ってきたときの対応も容易でしょう。配属となった場合、覚えることが多い仕事は楽ではありませんが、長期的な視野で若いうちに積極的に挑戦してみてください。

## 〈「税」を考えるポイント〉

税の理想は「課税の公平」。そのために制度を学び続け、適正な課税を行うことが求められる。また、固定資産などの評価では、現地調査を通して現況を把握し、実態に即した評価を行っている。

## 〈「税」の志望動機形成ワーク〉

　今回は「税」がテーマ。公務員の仕事としては比較的メジャーな分野になりますが、制度に基づいて淡々と仕事を進めていくイメージが強いことから志望動機の作成の際に焦点があたることはあまりないようです。ただ、「学生時代に税を勉強していた」など、税の実務に携わることを目標に公務員を志すケースもあります。実際、筆者がそうでした（もっとも、筆者の場合は税への配属は叶いませんでしたが……）。

　それでは、「面接官の視点」を意識しながら『追加質問（深掘り）検討ワークシート』に取り組んでみましょう。

**【志望動機形成フローチャート】**

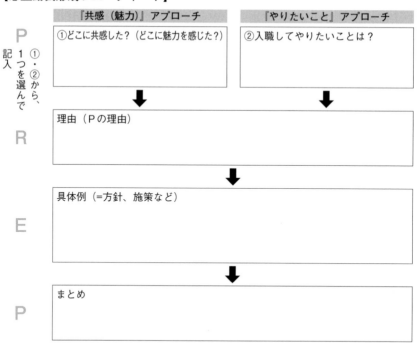

| | 『共感（魅力)』アプローチ | 『やりたいこと』アプローチ |
|---|---|---|
| **P**<br>記入 ①・②から、1つを選んで | ①どこに共感した？（どこに魅力を感じた？） | ②入職してやりたいことは？ |

⬇ ⬇

| **R** | 理由（Pの理由） |
|---|---|

⬇

| **E** | 具体例（=方針、施策など） |
|---|---|

⬇

| **P** | まとめ |
|---|---|

## 【追加質問（深掘り）検討ワークシート】

| | |
|---|---|
| P | |
| R | |
| E | |
| P | |

## 【ワークシート記入例】

| | |
|---|---|
| P | 大学の講義で税負担の公平性が損なわれている現状を学び、税金に関心を持つようになったため、**税の仕事に携わりたい。税金は義務として課されているものであるが、その使途が見えにくいため住民の理解を得られていない部分もあると思う。市では、国税とは異なり、個人市民税、法人市民税、固定資産税など、多様な税目がある**ため、常に学び続けていきたい。 |
| R | 税の課題は、納税者の立場から見れば、その種類の多さと制度の複雑さにあると思う。そのため、個人のケースに合わせて手続きの事例をわかりやすく示すことが不可欠。また、納税の話ばかりではなく、住民のメリットになるような「節税」の話なども伝えていくことで、**住民の理解を得られる公平な課税の理想を実現したい。真面目に、誠実に納税義務を果たす人が相対的に損をすることがない状況をつくる必要がある。** |
| E | **申告を促すことは大切だが、それだけでは不十分。固定資産の評価などのように職員が現場に出向き目視で確認する地道な取り組みも必要。H市では、職員が積極的に現場に足を運び、既存のデータと現況のズレを確認するため汗を流している。**なかなか納得していただけない場面もあると思うが、まずは職員として信頼していただけるよう、丁寧なコミュニケーションを通して粘り強く対応したい。 |
| P | **入職後は、アルバイト経験のなかで職場の様々な課題の解決に向き合い続ける経験を通して培ってきた私の強みである探究心を活かし、疑問点を放置せず、丁寧な調査を行って明確な裏付けに基づいた仕事を目指す。**特に、税は制度が細かく、また変更も多いと知った。そのため、正確な知識を身につけることに妥協せずに取り組む姿勢は職員として不可欠だと考えている。また、**繁忙期などは残業が多くなると思うが、職員同士で新しい制度やミスを犯しやすいポイントなど細かく情報共有し、正確さとスピードの両立を図っていきたい。** |

税に関心をもったきっかけは？

税に対してどのようなイメージを持っているか？

市で取り扱う税目を知っているか？

税の課題は何か？

住民の理解を得るために必要なことは何か？

公平な課税とは？

公平な課税を実現するために必要なことは何か？

様々な立場や考えの住民がいるが、どのように対応していくか？

これまでに探究心を活かした経験はあるか？

なぜ、税の仕事に探究心が必要か？

税の仕事の忙しさを理解しているか？

第1章

第2章

第3章

第4章

第5章

第6章

# 志望動機を
# 使った面接対策

第4章までを参考に、あなたなりの志望動機は作れたでしょうか？　しかし、志望動機は書類に書いて終わりではありません。面接において、いかに面接官へ伝えるかという問題が残っています。

面接は、コミュニケーションを通してお互いを知る場です。上手な伝え方についても対策しておく必要があります。裏を返せばきちんと伝わったとき、あなたは公務員までもうあと一歩のところまで来ているといえるでしょう。

1．本音と面接官の期待とのギャップを埋めるには

2．受け答えの長さと熱意との関係

3．質問は想定しても模範解答は作らない

4．おススメの面接トレーニング

5．面接官の立場によって回答の内容を変える

6．個人面接とグループ面接で異なる評価ポイント

7．突飛な質問がきたらどうする？

8．熱意を疑う質問への対処法

9．公務員試験でも大切な逆質問

10．イレギュラーな選考に対応する心構え

11．選考通過者に面接官が見せるサイン

# 1 / 本音と面接官の期待とのギャップを埋めるには

## 1．本音は一つとは限らない

　もしあなたが面接官だったとしたら、受験生に期待する回答はどのようなものでしょうか？　繰り返しになりますが、少なくとも

**「安定しているから」**

**「親に勧められたから」**

**「転勤がないから」**

といった回答ではないはずです。このような回答をしてくる受験生がいたら、なかなか高い評価はつけにくいと思うでしょう。

　しかし、これらを「本音」と開き直っている受験生が少なくないのも事実。ただ、やはり昨今の面接重視型の自治体選考において、このような「本音」で最終合格を勝ち取ることは困難であると、改めて心得ておく必要があります。

　仮にあなたがこうした「本音」を持っている場合、どのように対策をしていけばよいのでしょうか。実はおススメの方法があります。「別の本音」をつくるのです。

　このように伝えると、「嘘をつくということですか？」と驚かれることがありますが、それは違います。あなたがまだ気づいていない、ちゃんとした自己分析と自治体研究に基づく「本音」を今から見つけ、言葉にしていくのです。


## 2．仕事を知らないままで本音は見えてこない

　消極的な「本音」しか語れない受験生の多くは、公務員の仕事をよく理解できていません。

**「知り合いがいないから調べようがない」**

**「これまで接点がなかったからよく分からない」**

**「与えられた仕事はなんでもするつもりだから調べる必要はない」**

など、様々に理由をつけて調べることに時間を費やそうとせず、そのことを「筆記試験の対策に注力しなければならないから」という理由で正当化しているようにも見えます。

少々厳しい言い方をしましたが、こうした方々はまだ救いがあると思っています。公務員の仕事を「知らない」だけなのですから。知ったうえで、自分が何に興味を持てるのか、考えてみることです。これから約40年間働くことになるかもしれない仕事に「よくわからない」状態で就くというのは、あまりにも無謀すぎます。「お見合い」に例えるなら、よく知りもしない相手と結婚するようなものです。

自分自身の大切な人生。地に足をつけて、調べられるところはきちんと調べ、「40年間を費やすに値する仕事か否か」を考えてみるようにしてください。

## 3. 「熱意」を感じさせる受験生になる

さて、改めて面接官の期待を想像してみましょう。たくさんの受験生を面接しているなかで、「この受験生はいいぞ」と思うのは、どのような受験生でしょうか。それはやはり<u>やる気が感じられ、仕事に対する理解が深く、公務員として働くうえで必要な力を備え、それを仕事に活かすイメージを描けている受験生</u>——すなわち「熱意」の感じられる受験生です。

そのため、面接では「●●市で働きたい」、「●●をやりたい」と明言できるように備えておきましょう。第3章で紹介したサトウさんの例であれば、「子育て支援に携わりたい。だから、子育て支援に多くの予算を割いているH市を志望した」といった具合です。

筆記試験対策に多くの時間を割かざるを得ない公務員受験生にとって、自治体研究や仕事理解は、第2章でも述べたようについ後回しにしがちです。しかし、あなたが目指しているのは筆記試験の通過ではなく、最終面接の突破であるはず。そのための必要な準備として、公務員になってやりたいことを言葉にしてみてください。消極的なものではない「別の本音」をつくるための時間を確保してください。第3章で説明したよ

うに、分からないことは調べ、可能な限り現場に足を運びながら、そこで自分が働く姿をイメージしてください。あなたはそこでどんな力を発揮していますか？　どんなやりがいを感じていますか？

　これも繰り返しになりますが、面接選考は一問一答で終わりません。多くの場合、追加質問（深掘り質問）があることを想定しておく必要があります。自問自答し、複数回のキャッチボールを通して「熱意」を伝えられるように、時間をかけて対策しておきましょう。こうした地道な準備が、結果として面接官の期待に応える最短の近道になるのです。

# 2 / 受け答えの長さと熱意との関係

## 1．面接での回答時間は熱意に影響する？

　模擬面接をしている際に、回答の「長さ」を気にする受験生を見かけることがあります。

　一言で終わらせた方がよいのか？　それとも、具体例やエピソードまで話してしまった方がよいのか？　あなたはどのように考えますか？

　熱意を込めて喋っていると、ついつい話が長くなってしまうものです。大学の先生のなかにもいませんか？　熱心な先生ほど、大きな声で早口で、そして長々と喋り続けているのではないでしょうか？　筆者も他人事ではありませんが、これは受講生に対する愛情の表れでもあります。「あれもこれも伝えてあげたい」という想いが、つい話を長くしてしまうのです。

　このように考えると、回答の長さは、短いよりも長い方が熱意を伝えやすいように思うかもしれません。大学のキャリアセンターや一部の面接対策本では、「1分以内」を推奨するケースも見られます。プロのアナウンサーであれば300文字程度を詰め込める時間とされている1分間は、確かに長すぎず、短すぎない絶妙なボリュームです。おおよその目安として参考にしておく分にはよいでしょう。

## 2．長さの判断はあくまで面接官の主観

　ただ、この問題について筆者は、「回答の長さは、面接官のタイプによって異なる」と考えています。1分間を長いと感じるか適当と感じるかは、面接官の感覚次第だからです。また、受験生の喋り方や声色、話の構成の仕方によって、長く感じたり短く感じたりする場合もあります。

　以下の2つのケースを比べてみてください。

ケース①

面接官「志望動機を教えてください。」

受験生「はい。私は地域防災に関心があり、地元の方々に安心を与えられるような仕事に携わりたいと思い、志望しました。（※）」

面接官「なるほど。なにかきっかけがあったのですか?」

受験生「はい。実は、高校時代に●●地震で被災した経験があります。その際に、避難所で公務員の方々の懸命な姿にたくさんの安心をいただいたことが、私が市の職員を目指すきっかけになりました。」

面接官「そうでしたか。職員となった際には、どのように働いていきたいですか?」

受験生「はい。地域に合った防災施策を提案できるような……例えば、積極的に地域に足を運んで交流し、地域の実状を踏まえた施策を考え、提案することで地域の防災力の向上に貢献していきたいです。」


ケース②

面接官「志望動機を教えてください。」

受験生「はい。私は地域防災に関心があり、地元の方々に安心を与えられるような仕事に携わりたいと思い、志望しました。（※）」

面接官「……（え?　それだけ?）」

受験生「……と、いいますのは、実は、高校時代に●●地震で被災した経験がありまして、その際に、避難所で公務員の方々の懸命な姿にたくさんの安心をいただいたことが、私が市の職員を目指すきっかけになりました。貴市の一員となりましたら、積極的に地域の方々と意見交換できる関係を築き、地域の防災力の向上に貢献していきたいと考えています。」


　いかがでしょうか?　①の面接官は、自分のペースでテンポよく面接を展開したいタイプのようです。ダラダラと喋られることを嫌い、効率的に細かく質疑応答を展開していきたい様子が、無駄のない追加質問か

ら確認することができます。

　一方、②の面接官は、どっしり腰をすえて、受験生の語りに耳を傾けるタイプといえます。最後まで話をさせて、そのうえで追加質問を投げかけるか、充分に内容に納得できれば別の質問に移行するか、考えるつもりなのでしょう。

## 3．面接官の性質を見極めた対応をとる

　以上のことから、面接の序盤で面接官のタイプを観察し、相性を確認しておくよう筆者は指導しています。ポイントは、一つ目の回答の直後（※）です。ここで落ち着いて面接官の視線や呼吸を観察することができるかどうか。「追加質問するつもりはなさそうだな」と判断すれば、速やかに話を続けて不自然な間を最小限に留めます（ケース②のパターン）。その後の展開も、追加質問が途中で挟まれないことを想定して、切りのよいところまで喋りきってしまうとよいでしょう。

　逆に、どんどん追加質問をしてくる面接官であれば、問いに対して簡潔に答えるよう対応することをおススメします（ケース①のパターン）。その問いは、多くの場合で「面接官が知りたいこと」ですから、よかれと思って余計なことまで喋って話題を脱線させることはNGだからです。「あなたが伝えたいこと＝面接官が知りたいこと」と考えてしまうのは、初対面の相手とのコミュニケーションではリスクを伴うと心得ておきましょう。

第1章

第2章

第3章

第4章

第5章

第6章

# 3 / 質問は想定しても模範解答は作らない

## 1. 模範解答の丸暗記は声でバレている

　原則として、面接対策において模範解答はあまり作らないようにしましょう。大学の指定校推薦入試などとは異なり、圧倒的多数の人が落選する公務員採用選考の面接試験では、高いコミュニケーションスキルが要求されることになります。模範解答を読み上げるだけの回答では、あなたのコミュニケーションスキルを十分に伝えることができません。なぜなら、読み上げるような喋り方は、面接官が期待する「腹を割った対話」からはほど遠い、「一方的な情報提供」の印象を抱かせてしまうからです。

　ある自治体の副市長は、「丸暗記（棒読み）が一番困る。その人の人柄が見えないから」といいます。その副市長は、選考の際に「丸暗記した志望動機（棒読みに聞こえる志望動機）」だと判断した場合には、面接を中断し、受験生に対して「1分間あげるから今この場で志望動機を考えるように」と指示を出すとのこと。思わず受験生に同情してしまいましたが、表面的ではなく、本当の想いを知りたいという副市長の気持ちは理解できます。

　自治体にとっての採用選考は、これからの長い期間を一緒に働く仲間を選ぶ機会です。したがって、相手の人柄や考え方を限られた面接時間のなかで、可能な限り正確に判定しなければなりません。その貴重な時間に丸暗記を披露されてしまうと、人柄や考え方の核心に迫ることができないまま面接時間を終えることになってしまいます。面接官は、それだけの緊張感を持って受験生を見ているのです。

## 2. 追加質問の予想までカバーしきれない

　もう一つ、注意しておくべき点があります。それは、これまででもお伝えした「追加質問（深掘り質問）」への対応です。例えば、「志望動機を教えてください」という定番の問いに対しては、模範回答を用意する

ことができるかもしれません。しかし、その後の追加質問まで正確に予想することは困難です。あなたの回答のどの部分にフォーカスされるのか、あるいは全く異なる角度から掘り下げられるのか。もしかすると、あなたが述べた「やりたい仕事」について知らないケース事例を示され、それに対するあなたの考えを求められるかもしれません。

したがって、面接対策においては、模範解答を作るのではなく、自分のなかで「想い」や「考え」を深めておくこと、そして、収集した様々な情報をきちんと整理しておくことが大切です。つまり、あなたが伝えようとしている事柄の「解像度」を可能な限り高めておくことです。

「この主張に至った背景は…」

「これを提案する根拠は…」

「この強みを活かせる場面は…」

「この分野に注目した理由は…」

など、詳細に整理しておきましょう。

そして、それをアウトプットする練習を繰り返すこと。問いに対し、最適な引出しを瞬時に開けるように、いろいろな人と練習をしてください。相手は友人でも家族でも構いません。練習の度に、話す順番や表現が異なっても構いません。模範解答を作ろうとしているわけではないのですから。

大切なのは、問われたことに対して、これまでに整理してきたデータベースを用いて自分の考えを伝えられるかどうか。最初は上手く言葉にできないかもしれませんが、繰り返すうちに上手に無駄を省いた伝え方ができるようになってくるものです。こうした地道な繰り返しこそ、予定通りに展開されない面接選考に、自信を持って臨むための唯一の備えであると筆者は考えています。

第1章

第2章

第3章

第4章

第5章

第6章

# 4 / おススメの面接トレーニング

## 1．対先生ではなく対受験生で行おう

　「面接トレーニング」と聞いて、最初に思いつくのは『模擬面接』でしょうか？　大学のキャリアセンターや予備校の先生との質疑応答のロールプレイを行う『模擬面接』は、多くの公務員受験生が実践している面接トレーニングの一つです。経験豊富な大人からの質問は鋭く、またフィードバックも適切です。そのため、緊張感に慣れながら効率よく面接パフォーマンスを高めていくことができます。

　筆者もゼミ生と模擬面接をすることがあります。しかし、数回のトレーニングの後、ある段階からはオブザーバーに回るようにしています。筆者がオブザーバーに回ることで面接官役が空席になるわけですが、そこを担当するのは「受験生」です。

**【面接トレーニングの配置】**

 受験生役

 オブザーバー役

 面接官役（メイン）

 面接官役（サブ）

 オブザーバー役

**【面接トレーニングの進め方】**

①面接官役（メイン）が受験生役に質問をし、回答に対して適宜深掘りを行う。
　・面接官役（サブ）は、質問の補足などでサポート＆進行を観察
　・オブザーバー役は受験生役の様子を観察しながら記録する
②面接終了後、主にオブザーバー役が受験生役にフィードバックを行う。
　・特に気になる点があった場合は面接官役からもOK
　・フィードバックは、「よかった点 → 改善点」の順に行う
③役割を変えて①②を繰り返す。
　・人数が揃わない時はオブザーバー役や面接官役を減らす

この『受験生同士の面接トレーニング』の最大のメリットは、「面接官の視点を体験できる」というところにあります。具体的なおススメポイントを、以下に3つ挙げます。

### ①面接官の抱く違和感に気づくことができる

例えば、一度も噛まずにスラスラと志望動機を語る受験生がいたとします。ライバルであるあなたは、圧倒されるかもしれません。しかし、面接官の立場から見ると、違和感を覚えることがあります。**あまりにも流暢な語り口は、「意図的な創作」との印象を与えることがあるのです。**場合によっては、「本音ではないのでは？」と疑われてしまうことも。

上手に伝えるとはどういうことなのか？　いろいろな受験生の様子を面接官の立場で観察することは、面接対策として行うべき努力の方向を誤るリスクを減らし、面接スキルのブラッシュアップにも役立つのです。

### ②深掘りポイントが見えてくる

採用選考における面接が、基本的に一問一答で終わらないことは既にお伝えした通りです。では、どの点が深掘りされるのでしょうか？　受験生の立場で完璧に予測することは難しいですが、面接官役を担うことによって、深掘りしやすいポイントやもう少し突っ込んで説明を求めたいポイントを感じ取ることはできます。また、似たような内容であったとしても、構成や表現の仕方によって相手は強く興味を抱いたり、逆にスルーしたりする感覚もつかめます。面接官役を通して得られた視点は、本選考の場面であなたと面接官とのコミュニケーションが盛り上がるポイントを教えてくれるはずです。

### ③立ち居振る舞い（印象）を磨くことができる

お辞儀の角度、歩き方、座っている姿勢、表情、反応の仕方（相槌、頷きなど）など、こうした印象に関する課題を自分ひとりで発見することは困難です。自身の立ち居振る舞いを自分の目で見て確認することは、ビデオ撮影でもしない限り不可能だからです。一方で、面接官役も、他

人へ改善を促すことは容易ではありません。違和感を覚えるものの「具体的にどこが悪いのかはっきりとわからない」、「どのようにフィードバックすれば伝わるのかわからない」、「遠慮して自分の口からは言いにくい」といった苦悩の声を面接官役からはよく聞きます。

　印象に対するフィードバックは何となくの違和感であることが多く、その改善点を言葉にできるものばかりではありません。そのため、他人からフィードバックを得られても、それだけでは充分な改善ができないこともあります。しかし、自身が面接官役として他人を観察することで、よいところは真似しつつも違和感のあるところは反面教師とするなど、「気づき」を通して自分自身の印象をブラッシュアップすることができます。これは非常に有意義であり、印象を磨く最も効果的な方法であると確信しています。

## 2. 模擬面接としての質を確保するには

　多くのメリットが期待できる『受験生同士の面接トレーニング』ですが、この方法には、絶対に不可欠な準備段階があります。それは、面接官役を担う受験生の質問力の底上げです。面接官役が上手に質問できなければ、本番に近い緊張感での模擬面接は実現できないからです。

　そのため、指導者（先生など）が面接官役を担う初期の段階において、受験生はサブ面接官（指導者の隣に座る人）を担当します。そこで、「応募書類のどの点を切り取り、質問を構成するのか？」「受験生の回答に対してどのように深掘りをしていくのか？」を学びます。これを複数回繰り返して徐々に感覚をつかんだところで、面接官役を担当してもらいます（指導者は適宜フォローに入りますが）。こうして面接官役は自分なりに問いかけや深掘りの仕方を工夫しながら、面接環境をつくり上げていきます。

　まずは面接官の質問技法を学び、そのうえで面接官役や受験生役を体験する『受験生同士の面接トレーニング』。これは筆者の最もおススメする面接トレーニング法です。一緒に頑張っている受験仲間がいる方で、周囲の先生や大人に協力が仰げるなら、ぜひ挑戦してみてください。

# 5 / 面接官の立場に応じて回答内容を変える

## 1. なぜ面接官によって回答を変えるのか

　この節の見出しに書いてある内容ついて、公正なはずの採用試験でなぜそんなことをするのかと、疑問に思った方もいるのではないでしょうか。しかし、この点は面接選考の突破をより確実にするうえで、押さえておいて欲しいことです。まずは以下の事例をみてください。

> エンドウ君（仮名）は、地域医療に関心を持ち、その分野に特に力を入れて取り組んでいるK県を受験しました。現地に足を運び、医療に関する取り組みについて調べたことで、「熱意」の伝わる志望動機を構成することができました。模範解答は作らず、筆者や友人たちと50時間を超える面接対策を行い、地域医療に関するあらゆる追加質問に対応する力を身につけ、自信を持って面接の本番に臨みました。

　努力家のエンドウ君に対して、筆者も彼の友人たちも、全員が合格を確信していました。しかし、結果は不合格。敗因は興味・関心の狭さにありました。

　彼は志望動機を問われ、地域医療の重要性、その分野に関心を持った理由、やりたいことなど、しっかりと語ったそうです。しかし、それを聞いた面接官の追加質問は、あまりにも意外なものでした。「地域医療はともかく、観光振興についてあなたの考えを聞かせてほしい」と。観光に関してはノータッチであったため、なんとか言葉を絞り出したものの、薄っぺらな回答しかできなかったといいます。結果、「熱意」を伝えられず不合格という結果になったのでは、というのが本人の分析です。

　その後、エンドウ君は幅広い分野について対策を行い、幸いにも近隣の他の自治体から採用となりましたが、このK県で彼が経験した出来事は、ゼミナールで長く語り継がれることとなります。

## 2．面接官が現役の公務員であるという意味

　実は、こうしたケースは少なくありません。というのは、面接官を担当する職員は、全ての部署の仕事を網羅しているわけではないからです。子育て支援→観光振興→人事（面接官）という経験を持つ面接官であれば、子育て支援や観光振興に関する分野に強みを持っています。また、税務→環境保全→生涯学習→人事（面接官）であれば、税金や環境や高齢者の生きがいづくりなどの話を得意としているはずです。これは、公務員の仕事が多岐にわたり、かつ公平に面接官を分担するから起きることでしょう。職種に合わせた現場社員が面接官に選ばれやすい民間企業とは、事情が異なる部分です。

　仮にも面接官なのですから、受験生がどのような分野の話題を持ち出してきても、ある程度は対応していただきたいものですが、エンドウ君のようにややニッチな分野（地域医療など）の場合には、面接官が深掘りを敬遠する可能性も考えておかなければなりません。

　この経験があってからは、筆者は常に「最低でも５つは語れる分野を用意しておくこと」と指導するようにしています。ちなみに、オススメしている分野は「子育て支援」「高齢者支援」「防災」「観光」「地域コミュニティ」の５つ。これらは比較的どの自治体でも注力している分野であるため、自治体間で施策を比較しやすく、また面接官にとっても対応しやすい分野だからです。

# 6 / 個人面接とグループ面接で異なる 評価ポイント

## 1．グループ面接にインパクトは不要？

　あなたが志望している自治体では、グループ面接（集団面接）が予定されていますか？　受験生のなかには「グループ面接が苦手」という人も多くいるようです。その理由は様々ですが、「自分が言おうと思っていたことを先に言われてしまったらどうしよう」という声は、グループ面接特有の悩みだと思います。

　この点については、実はあまり深く考える必要はありません。「●●さんと同様に、私も〜〜と考えます」といった回答で充分です。「そんな回答だとインパクトが弱いのでは？」と不安になる方がいるかもしれませんが、そもそもインパクトを与える必要はないのです。

　グループ面接の場合、一般的には、学生が複数（３〜５名程度）に対して面接官（１〜５名程度）という面接の形態をとります。なぜ、このような形態の面接を実施するのでしょうか？　これまで述べてきたように、面接選考は受験生の人柄や考えを探り、これから長い期間を一緒に働く仲間を選ぶ機会です。それなら、個別面接で丁寧なコミュニケーションを図った方が確実だと思いませんか？　その疑問の答えは、グループ面接では、発言内容（思い、考え、熱意など）を個別面接ほど重視していないからです。

## 2．グループ面接を行う真意

　実は、グループ面接には二つの狙いがあります。一つ目の狙いは、「効率よく受験生を審査する」ため。受験者数が多い自治体などは、全員に対して個人面接を行うゆとりがない場合もあります。そのような場合に、一次面接では複数人を同時に審査し、ある程度人数を少なくしてから二次面接以降で個別に審査する形をとります。

　二つ目の狙いは、「印象を比較する」ため。こちらは受験生の立場と

して注意しておくべきものです。印象については、個人だけを見るよりも、複数人を並べて比較することで、よりはっきりと見えやすくなります。話しているときや聴いているときの表情、立ち居振る舞いの様子、話すスピードや声の調子、姿勢、アイコンタクトなど……印象面の評価を重視する選考の場面ではグループ面接が用いられます。

　あなたが志望している自治体にグループ面接選考がある場合、<u>まずは回答内容以外の印象面での遅れをとらないこと</u>。とはいえこれは、一朝一夕に身につけられるものではありません。日頃の会話のなかで、意識的に取り組んでおくことが大切です。また、グループ面接では、あなたの一挙手一投足をチェックし、「一緒に働く同僚として」、また「住民対応を担う職員として」のあなたをイメージしています。<u>話の内容も大切ですが、それ以上に他者との関係構築に安心感を与える印象づけを心掛けて臨む</u>ようにしましょう。

　一方で、個別面接は、個人に対してじっくりとコミュニケーションを図ろうとするものです。基本的に一問一答で終わることはなく、次から次へと追加質問（深掘り）が行われる覚悟は必要ですが、あなたの答えに納得してくれた場合（もしくはあまり興味を持たれなかった場合）には、追加質問をされない場合もあります。追加質問の有無に一喜一憂するのではなく、面接官の問いかけに対し、一つひとつ丁寧に応答することに集中しましょう。

第1章

第2章

第3章

第4章

第5章

第6章

# 7 / 突飛な質問がきたらどうする？

　最近では面接対策関連の書籍も充実しているため、面接においてあまり目新しい質問に出会う事も少なくなりました。予備校に通っている方であれば、先輩たちが問われてきた質問について、自治体ごとにまとめられた面接事例集のようなものが手に入ると思います。

　これは宝の山です。前年と全く同じ質問がされるとは限りませんが、質問される内容の傾向や面接の形態、時間配分などの参考として非常に役立つはずです。

　代表的な変わった質問といえば、一般企業の採用選考で頻繁に用いられる「例える系」の質問。この質問に動揺する受験生が相変わらず見受けられます。「あなたを動物に例えると？」といった質問です。実際の選考では、この「動物」のところを「色」、「漢字一文字」、「楽器」、「家電」などに変えて問われることもあります。

　この問いに対する応え方として大切なポイントは、「よく考えて回答している」ことを伝えること。即答すればよい、というものではないのです。「適当に答えたな」と思われないよう注意が必要です。少々時間が掛かっても構わないので、じっくりと考えたうえで答えを示し、その理由についても語れるように頭のなかを素早く整理しなければなりません。

　この点は、公務員の面接においても同様です。一般企業に比べると突飛な質問はそれほど多くはありませんが、遭遇した際には落ち着いて対応したいものです。自治体によっては、面接官の手許の資料に、あらかじめ突飛な質問を用意している場合もあります。一方で、しっかりと面接対策をしてきている様子の受験生に対して、人柄や考えの本質部分を探るために、「その場で考えさせるような質問」を面接官の判断で投げかける場合もあります。ある意味、仕事熱心な面接官といえます。

　例えば、次のような質問に対し、あなたはどのように対応しますか？

例①

「あなたは庁用車（職員が現場に出る際に使用する車）を運転しています。現場から本庁舎に戻る途中、突然のゲリラ豪雨に遭遇。ふと見ると、びしょ濡れの小学生が歩いています。職員としてどのように対応しますか？」

例②

「仕事と私生活の理想の割合は？」

　これらのような質問に即答する必要はありません。むしろ、即答させないための質問ですから、充分に時間をとって考えを巡らせてください。不自然なほど沈黙が長引きそうな場合には、「少々お時間いただけますか？」と断っておくとよいでしょう。

　面接時の質疑応答は、素早いレスポンスが求められていると思われがちですが、それは必ずしも正解ではありません。質問の内容によって対話のテンポは異なって当然なのです。コミュニケーションを取るうえで、素早いレスポンスが自然な場合もあれば、不自然な場合もあるということです。

　面接は、面接官との対話。そのことを忘れずに、内容に合わせた自然なテンポでキャッチボールに応じるようにしてください。

# 8 / 熱意を疑う質問への対処法

## 1．受験生を悩ます最も恐ろしい質問

　ここまで、いかに志望動機に根差した熱意を伝えるかについて説明してきました。しかし面接では、どれだけ自治体研究に時間を割いてきたとしても、<u>たった一言であなたのアピールしてきた熱意をひっくり返されてしまう「厳しい質問」</u>があります。

　「ウチの志望度は？」
　「他の選考状況を教えてください」

　実に単純な質問です。即答しようと思えば可能でしょう。それでも、多くの受験生がこの質問への対応には頭を悩ませることになります。
　以下の受験生のケースを考えてみてください。あなたならどのように回答しますか？

> 地元のA市役所を第一志望と考えていますが、それだけでは不安だったので、地元のB県庁、近隣のC町役場、通っていた大学があり採用人数の多い東京都庁、選考に慣れるために早期日程で受験可能な遠方のD市役所、国家公務員（一般職）を受験することにしました。そしてD市役所の面接時に、「ウチの志望度は？　ウチの他に受験している自治体はありますか？」と問われました（現時点で、他の選考の結果は出ていません）。

## 2．第一志望と答えるべきか否か

　まず、一つ目の問に対しては、面接官の心象を考えると「第一志望です」と伝えたいところです。しかし、本音は本命の受験に備えるための

179

「練習」として早期選考の自治体に挑戦してみた、というもの。もちろん、他が全滅すればD市で働くこともアリだと考えていたとしても、志望度は他に比べれば低めです。

　こうした状況は、複数の自治体にエントリーしている受験生の多くが直面しています。民間企業の採用面接の際には「第一志望群です」などと対応するよう指導するケースも見られますが、筆者はあまりおススメしていません。その理由は、この「群」という応え方は、裏を返せば、「他の企業と迷っている」、「現時点で明確な第一志望ではない」ということを伝えていることに等しいからです。

　これらの回答は、受験生にとっては「ギリギリ嘘ではない」回答として受入れやすいかと思いますが、面接官の立場に立てば、あまり気持ちのよいものではないため、公務員試験の面接で応用するのは避けた方が無難です。その自治体の魅力を誰よりも熟知しており、仕事に誇りを持って働いている面接官と良好な関係を築くべくコミュニケーションを図っている最中なのですから、ここはやはり「第一志望です」と伝えるべきではないかと考えます。詭弁かもしれませんが、選考に臨んでいる今この瞬間においては、その自治体に合格したいという想い（≒第一志望）に偽りはないはずです。

## 3．併願先は戦略的回答で納得してもらう

　次に二つ目の問について。ここで考えるべき問題は、「他の選考状況をどこまで正直に伝えるべきか」という点です。正直に全て伝えることが、必ずしもマイナス評価になるとはいえません。選考の順序によっては、プラス評価になることもあるでしょう。例えば、「他の自治体で最終合格を得ているにもかかわらず、受験を終了することなく、ウチの自治体を受験してくれているということは、ウチの方が志望度は高いのだな」と認識してもらえる可能性はあります。しかし、今回のケースのように、早期選考の場合や他の自治体の選考が継続中の場合には、面接官の心象に配慮した戦略的回答が必要だと思われます。

　仮に、今回のケースで、全ての自治体名を正直に伝えたとします。そ

うすると、Ｄ市役所の面接官はどのように考えるでしょうか？

「地元を受けているということは、当然地元のＡ市役所やＢ県庁の志望度が高いのだろうな。ということは、ウチは滑り止めか……。内定を出しても地元の試験に合格すれば辞退される可能性が高いかもしれない」
「この学生は、基礎自治体（市役所や町役場など）、広域自治体（県庁や都庁など）、国家を受験しているが、それぞれの仕事の違いを理解しているのだろうか？　とりあえず公務員ならどこでもよいと考えているのかな？」

　いずれも、熱意を疑われる結果、あまりよい評価にはなり得ないことが分かります。
　ここで、先ほど述べた面接官の心象に配慮した戦略的回答について考えます。具体的には、今回のように多数の自治体にエントリーしている場合、そのなかで伝える自治体と伝えない自治体を取捨選択するのです。何を選ぶかは、受験する自治体の面接官の立場で決めていきます。
　例えば、今回のケースであれば遠方のＤ市役所の面接官が相手になります。地元Ａ市役所を受験している事実を伝えてしまうと、「ウチは滑り止めか」と思われる可能性が高いわけです。そこで、そのリスクを回避するため、Ａ市役所のことはあえて伝えないようにします。Ｄ市役所以外の受験先として、Ｃ町役場、国家公務員（一般職）などに限定して伝えれば、面接官も「Ｄ市が第一志望です」という言葉に納得しやすいでしょう。Ｂ県庁と東京都庁も伝えないことで、基礎自治体の仕事に対するこだわりを強調することもできます。
　また、地元のＢ県庁を受験する際には、東京都庁、国家公務員（一般職）を選ぶとよいでしょう。これにより、広域にわたる仕事に対する関心を伝えやすくなります。
　余談ですが、国家公務員（一般職）はどのような自治体の選考の際にも、比較的リスクなく伝えることができると筆者は考えています。というのも、あなたが面接で伝えるであろう「やりたい仕事」の多くは、国

家において組織化されており、仕事へのこだわりという点で矛盾しないからです。


（やりたい仕事と関連省庁の例）
「農業振興をやりたい」→農林水産省
「商店街振興に関心がある」→経済産業省
「地域の伝統文化の保全に貢献したい」→文部科学省
「災害に強いまちづくりに携わりたい」→国土交通省


　このほか、地域振興を幅広く担っている組織としては、総務省があります。このあたりの併願は、地方自治体と競合するものではないため、軸のぶれを感じさせない「第二志望」として面接官の納得を得ることができるのです。

第1章

第2章

第3章

第4章

第5章

第6章

# 9 / 公務員試験でも大切な逆質問

## 1．逆質問に対する誤解と実態

　面接試験の最後に、「なにか質問はありますか？」と問われることがあります。就活生の間で「逆質問」と呼ばれるものです。筆者のところにもよく相談が寄せられますが、その多くは「何を質問すればいいですか？」というもの。自分が質問したいことを他人に相談しているのですから、冷静に考えればおかしな相談です。どうしてこのようなことが起こるのでしょうか？　その答えは、多くの受験生が、逆質問のチョイスが評価に影響すると「誤解」している点にあります。

　結論から言います。<u>逆質問は、よほど失礼だったり的外れなものでないかぎり、何を質問しても大丈夫</u>です。減点評価の対象になることはありません。

　ただし、<u>「なにもありません」という回答は避けた方が無難</u>です。「ウチの職員として働きたいのだったら、何か一つくらい確認しておきたいこと（知りたいこと）があるのでは？」との期待を込めて逆質問の機会を与えてくれる面接官もいます。その場合、「なにもありません」という回答は、面接官をがっかりさせてしまう可能性があります。

　一昔前までは「仕事のやりがいはなんですか？」という質問が多く見られましたが、筆者はあまりおススメしていません。その理由は、面接官の立場や職歴によって「やりがい」は様々ですし、それを入職前の受験生に理解させるのは困難だからです。そもそも、「やりがい」は人それぞれ価値観によって異なるものですから、他人のそれを聞いたところでどうなるものでもありません。面接官の「やりがい」がどうであろうと、あなたがその自治体の職員を目指している姿勢は変わらないわけですから、あえて面接で質問するような内容ではないように思います。

　また、多くの学生が逆質問で用意する内容には以下のようなものがあ

ります。

> 「学生時代のうちにやっておいた方がいいこと（資格の勉強など）は
> ありますか？」
> 「活躍している職員が共通して備えている力（スキル、姿勢など）は
> ありますか？」
> 「入職後に直面する理想と現実のギャップにはどのようなものがあり
> ますか？」

当たり障りのない質問内容ですから、面接官も答えやすいと思います。多くの学生に対して同じ答えをすればよいのですから、特に負担に感じることもないはずです。「またこの質問か……」という気持ちにはなると思いますが、「質問はありますか？」と聞いたのは面接官自身なので問題にはなりません。

## ２．逆質問をボーナスにするポイント

このように逆質問は、何を尋ねても基本的に大丈夫です（減点されることはありません）。一方で、<u>加点対象になる可能性のある逆質問もあります</u>。逆質問の機会は多くの場合、面接の終盤です。つまり、面接の最後の印象を決めるコミュニケーションといえます。後味のよい終わり方をしたいものです。以下に２点、そのポイントを紹介します。

### ①職員として働くイメージが具体的でないと出てこない質問をする

例えば、公務員となった筆者の教え子には、以下のような逆質問をしたゼミ生がいました。

> 「私、お尻がちょっと大きいのですが、支給される作業着のズボンが
> 入るかどうか心配なんですが……入るでしょうか？」

これはとても盛り上がったといいます。志望動機のなかで「積極的に

現場に出て市民と一緒に汗を流す」というPRをした後の逆質問だったため、質問の意図を面接官もすぐに察してくれたようです。その場にいた女性の面接官から、立ち上がって一周回ってみるよう指示され、「あなたなら大丈夫！」と太鼓判を押されたとのこと。本人曰く、「恥ずかしかったけど、これで積極的に現場に出ることができる」と安心感をにじませていました。「現場に出たい」という想いが、表面的ではなく本心からものであることを逆質問で証明した一例です。

　また、他のゼミ生は以下のような逆質問をしています。

**「地震や台風のときなど深夜の対応があると思いますが、寝袋や仮眠室はありますか？」**

　この逆質問は、徹夜で仕事に向き合う覚悟を示しているようなものです。「公務員＝楽な仕事」ではなく、有事の際には迷い無く住民のために尽くそうという姿勢が表れています。これは防災分野を志望していた彼が自治体研究のときから疑問に思っていたことでしたが、「仮眠室を用意している」という回答を得られたことで、安堵していました。この逆質問により熱意を裏付けた結果、彼は一年目からその自治体の地域防災担当として配属されることになりました。

## ②逆質問を利用してコミュニケーション力をアピールする

　逆質問は、逆面接と読み替えることもできます。これまでは、面接官が受験生に質問し、受験生が回答したことに対して、さらに深掘りをしていきながら言葉のキャッチボールを繰り返してきたはずです。それが逆転するということは、つまり、「受験生が面接官に質問し、面接官が答えたことに対して、さらに深掘りをしていきながら言葉のキャッチボールを繰り返していく」ということです。

しかし、多くの場合、逆質問でキャッチボールが繰り返されることはありません。受験生は面接官に質問し、面接官が回答します。それに対して、「わかりました。ありがとうございます」で終了。これでは、「とりあえず質問しただけです」と言っているようなものです。そこで、筆者はゼミ生たちに対して、逆質問をきっかけに複数回のキャッチボールを繰り返すよう、日頃から指導しています。

（逆質問のキャッチボール例）
面接官「なにか質問はありますか？」
受験生「はい。市役所の仕事は市内で行うイメージがあるのですが、市外に出掛けることもあるのでしょうか？」
面接官「ありますよ。私も会議や研修で年に数回は出掛けています。また、部署によっては他の自治体の先進事例の視察に出掛けることもありますね」
受験生「視察というと、イベントや施設を勉強しに行くのですか？」
面接官「そうです。ほら、ウチもファーマーズセンターを作ったでしょう？　あれも隣のM市を視察して参考にしたところがあるんですよ」
受験生「そうだったんですね。そうすると、他の自治体の担当者とアドバイスし合ったり、連携したりすることもあるんですか？」
面接官「仕事によっては、ありますね。パイプをつくっておくと仕事がやりやすいと思います」
受験生「パイプづくりですね。いろいろな世代の方と良い関係を築けるように頑張りたいと思います」
面接官「頑張ってください」
受験生「はい。ありがとうございました」

いかがでしょうか？　一問一答で対話が終わってしまう相手と、このような気持ちのよいコミュニケーションを取れる相手と、どちらと一緒に働きたいと思いますか？

　このような自然なキャッチボールは、お互いが「対話を続けよう」とする労力を少しずつ払うことで実現します。あなたは、他人とのコミュニケーションにおいて「対話を続けよう」という労力を払っていますか？　面接トレーニングの際には、この点も頭の片隅に置いて取り組んでみるとよいでしょう。

　なお、面接室の状況によっては、終了予定時間が迫っている場合もあります。逆質問のテーマは何個も扱わず、必要以上に話を長引かせない配慮も必要です。

# 10 / イレギュラーな選考に対応する心構え

　公務員試験の選考フェーズは、各自治体が公開する試験案内で確認することができます。具体的には、選考の時期、試験の種類などです。なかでも試験の種類は必ずチェックしておかなければなりません。

・筆記試験の種類（教養試験、SPIなど）は何か？
・面接は何回あるのか？
・グループ面接はあるのか？
・グループディスカッションはあるのか？

など。これによって受験対策が異なってくるため、早めに確認しておくようにしましょう。

　しかし、試験案内に記されていない選考が行われる場合もあります。よくあるのが「応募書類を持参してください（郵送は受け付けません）」というケース。なぜわざわざ持参させるのだろう、と思って行ってみると、別室に案内され、その場で個別面談がスタートする、ということがあります。そこで問われる内容は、「志望動機」を中心とした基本的な質問のようです。そのため、「持参」の際には、予め志望動機を確認のうえ、リクルートスーツを着用して行くように筆者は指導しています。

　また、ある市役所での事例ですが、グループ面接を途中で一時中断し、グループディスカッションが指示されたことがありました。面接官の立場としては、「グループ面接」も「グループディスカッション」も複数人の受験生を同時に審査するという点で同様なのかもしれません。しかし、受験生にとっては全くの別物です。日頃からディスカッションに慣れていれば対応できるかもしれませんが、そうでなければ動揺することになるでしょう。

　ほかにも、体力試験や実技試験を導入している自治体もあります。「腕立て伏せや懸垂」をさせられたり、「企画書の作成と上司への報告」をさせられたり……。得点基準は自治体によって異なりますが、「目の前

の課題に対して向き合う姿勢」を見られているのは間違いなさそうです。

## 【イレギュラーな選考事例】

グループ面接の最中に一時中断し、半円に椅子を移動させ、グループディスカッションを指示される。グループディスカッション終了後は、椅子を戻しグループ面接を再開。その際、ディスカッションの自己採点を問われる。

５人ずつのグループになり順番を決め、一人ずつスプーンにピンポン玉を乗せてリレー形式で競争する。

面接官が突然「私、今日が誕生日なんです」と発言し、受験者の反応を見る。

「あなたは企画調整課の職員です」と告げられ、指示された条件下で企画書の作成を指示される。作成した企画書を持参し、別室に待機している企画調整課長役の面接官にプレゼンテーションする。

バラバラに番号のふられた200枚程度の紙の束を渡され、面接官の目の前で素早く順番通りに並び替える。

試験案内に「応募書類は持参すること」と記載があったため持参したところ、別室に通され面接が行われた。

第1章

第2章

第3章

第4章

第5章

第6章

# 11 / 選考通過者に面接官が見せるサイン

## 1．「何でもやる」では「熱意」を感じさせられない

　本書を通じて一貫してお伝えしてきたこと、それは、志望動機で「熱意」を伝えることの重要性です。そのためには、「何をやりたいのか？」を明確な言葉にしなければなりません。しかし、面談の際にときどき耳にする残念な志望動機があります。

　それは、「何でもやります」といったもの。ある意味において、大人な回答だと思います。自治体にはたくさんの部署が存在するため、希望の部署に配属になる保証はありません。また、職員は頻繁に人事異動が行われるため、たとえ希望の部署に配属されたとしても、数年後には別の部署で仕事をすることになります。

　そのため、「●●をやりたい」と言ってしまうと、「扱いにくい職員だ」とネガティブな評価を受けてしまうのではないか。その点、「何でもやります」であれば、人事の実態をよく理解してくれている「扱いやすい職員だ」と評価されるのではないか、と考えているのでしょう。

　ここでもう一度、志望動機の目的に立ち返ってください。「何でもやります」で「熱意」を伝えることができるでしょうか？　かなり難しいと思います。一方、「●●をやりたい」からはしっかりと「熱意」が感じられるでしょう。「熱意」が伝わらなければ、それは志望動機としての役割を果たしているとはいえません。ですから、迷わずに「●●をやりたい」と伝えてください。大人な回答（扱いやすい人材）を演じるために、「熱意」を犠牲にするのは本末転倒です。

## 2．面接官から最も欲しい言葉とは

　さて、こうした点に気をつけながら、真っすぐに「●●をやりたい」と伝えた結果、受験者が不安になるのが、面接官の次のような発言です。

「あなたは●●をやりたいと言っているけど、希望の部署に配属されない場合もあることを理解していますか？」

　面接官にこのように言われてしまったとき、あなたはどのように感じるでしょうか。「しまった。マイナス評価を受けてしまった」と焦るでしょうか。ご安心ください。筆者がこれまでに指導してきた受験生のなかで、面接官にこの台詞を言わせた受験生は、全員が合格しています。

　考えてもみてください。一緒に働く際、「希望通りの仕事ができない」と不満を抱かれるのは困ります。だから、前もって「希望が叶わない場合もある」ことを確認しているわけです。つまり、<u>裏を返せば「一緒に働く可能性がある」ということ</u>。ある程度、合格基準に達している受験生でなければ、限られた面接時間のなかでわざわざこのような質問をぶつける理由がないわけです。

　では、このような質問に対しては、どのように答えるべきでしょうか？　意識すべきポイントは、一つしかありません。すなわち、「熱意」が伝わるかどうか。

　先ほどの問いが、例えばあなたが地域防災に係わることを希望した発言に対しての追加質問だったとして、次の2つの回答を比較してみてください。

> 「あなたは地域防災をやりたいと言っているけど、希望の部署に配属されない場合もあることを理解していますか？」

> 回答①
> はい。もちろん他の部署でも構いません。どの部署でも広い意味で住民の皆様を支えることはできると思うので、どの部署に配属されても精一杯頑張ります。

191

回答②
はい。承知しています。地域防災をやりたい、という想いが公務員を目指した動機ですので、配属が叶わないのは残念ですが、それぞれの部署で精一杯頑張り、将来的に地域防災に携われたらと思います。

いかがでしょうか？　①は公務員の人事制度をよく理解している学生との印象を与えるでしょうが、地域防災に対するこだわりは疑われてしまうかもしれません。聞き分けのよさは、時として「熱意」を小さく見せてしまう場合もあるのです。

一方で、②は、地域防災に対するこだわりが明確です。他の部署に対する拒否感もなく、同時に地域防災に対する想いも持続できています。そのため、あなたがこの自治体を志望する動機が疑われることはないでしょう。

「熱意」をしっかりと言葉にしてください。そして、自信を持って伝えてください。「私は●●をやりたい」と。その「熱意」が面接官に届き、受け止めてもらえたとき、あなたは地方公務員としての第一歩を踏み出すことになるのです。

# 地方公務員受験 役立ちツール

最後の第6章では、本書で紹介したワークシートの数々を収録しました。
いずれも、忙しい公務員採用試験の受験生が効率よく、また効果的に受験対策ができるよう考えて作成し、筆者も実際の指導で使用しているものです。
必要に応じてコピーしてどんどん活用してください。
また、『受験計画スケジュール帳』は、志望する自治体の受験案内が公開される都度、埋めていきましょう。受験先の把握、選考対策の予定などが組みやすくなるはずです。

1. 志望動機形成フローチャート（PREP法）
2. 自己分析ワークシート
3. 自治体・仕事研究ワークシート
4. 追加質問（深掘り）検討ワークシート
5. 受験計画スケジュール帳

※ワークシートはダウンロードサービスに対応しています。
　詳しくは巻末の奥付手前のページをご覧ください。

# 1 / 志望動機形成フローチャート (PREP法)

P
記入

①・②から、1つを選んで

| 『共感（魅力）』アプローチ | 『やりたいこと』アプローチ |
|---|---|
| ①どこに共感した？（どこに魅力を感じた？） | ②入職してやりたいことは？ |

↓　　　　　　↓

R

理由（Pの理由）

↓

E

具体例（=方針、施策など）

↓

P

まとめ

第 1 章

第 2 章

第 3 章

第 4 章

第 5 章

第 6 章

# 2 / 自己分析ワークシート

ステップ1　あなたが力を入れて取り組んだことを記入してください。
（頑張ってきたこと、継続していること、やりがいを感じていること、挑戦したこと、など）

（例）３年間続けている飲食店でのホールのアルバイト
（例）新しいことに挑戦しようとして始めたアカペラサークル

ステップ2　そのなかで、印象に残っていることを具体的に記入してください。
（工夫したこと、評価されたこと、困難を克服したこと、など）

（例）広い視野で客席を観察し、呼び鈴を鳴らされる前に対応したり、他のスタッフを積極的にフォローした結果、評価されることが増えモチベーションがアップした。
（例）苦戦している後輩の悩み相談に耳を傾け、粘り強くアドバイスした結果、活き活きと活動に参加してくれるようになった。

ステップ3　あなたがステップ2のように行動した理由を記入してください。
（なぜそのように行動したのか？　何を考えたのか？　何を期待したのか？　など）

（例）お客様にご満足いただけないとリピーターになってくれないから。困っているスタッフをフォローするのはチームとして当然。先輩としての責任感があった。
（例）自分もスランプのときに先輩に助けてもらったから。せっかく仲良くなったので辞めてほしくなかったから。

ステップ4　以上を振り返り、どのような "あなたらしさ" が見えてきましたか？
（強み、特徴的な考え方、姿勢、こだわり、価値観、など）

（例）チームワークが大切。観察力、行動力。組織の利益を考えて行動できる。責任感。
（例）傾聴力。相手に寄り添う姿勢。粘り強さ。人間関係を大切にする。

# 3 / 自治体・仕事研究ワークシート

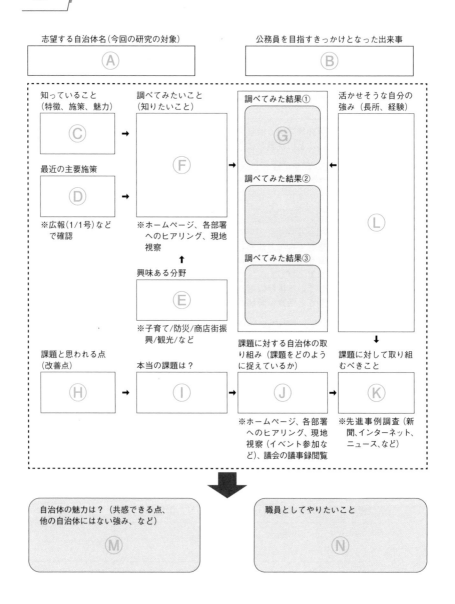

志望する自治体名（今回の研究の対象）
Ⓐ

公務員を目指すきっかけとなった出来事
Ⓑ

知っていること
（特徴、施策、魅力）
Ⓒ

最近の主要施策
Ⓓ

※広報（1/1号）など
で確認

調べてみたいこと
（知りたいこと）
Ⓕ

※ホームページ、各部署
へのヒアリング、現地
視察

興味ある分野
Ⓔ

※子育て/防災/商店街振
興/観光/など

調べてみた結果①
Ⓖ

調べてみた結果②

調べてみた結果③

活かせそうな自分の
強み（長所、経験）
Ⓛ

課題と思われる点
（改善点）
Ⓗ

本当の課題は？
Ⓘ

課題に対する自治体の取
り組み（課題をどのよう
に捉えているか）
Ⓙ

※ホームページ、各部署
へのヒアリング、現地
視察（イベント参加な
ど）、議会の議事録閲覧

課題に対して取り組
むべきこと
Ⓚ

※先進事例調査（新
聞、インターネット、
ニュース、など）

自治体の魅力は？（共感できる点、
他の自治体にはない強み、など）
Ⓜ

職員としてやりたいこと
Ⓝ

第1章

第2章

第3章

第4章

第5章

第6章

# 4 / 追加質問（深掘り）検討ワークシート

| P | |
|---|---|
| R | |
| E | |
| P | |

# 5 受験計画スケジュール帳

| | 自治体名 | 試験案内配布開始日 | 申し込み受付期間 | 一次試験日 | |
|---|---|---|---|---|---|
| No.1 | | | | | |
| No.2 | | | | | |
| No.3 | | | | | |
| No.4 | | | | | |
| No.5 | | | | | |
| No.6 | | | | | |
| No.7 | | | | | |
| No.8 | | | | | |

| | 二次試験日 | 三次試験日 | 備考（試験の種類など） |
|---|---|---|---|
| | | | |
| | | | |
| | | | |
| | | | |
| | | | |
| | | | |
| | | | |
| | | | |

第6章

# ┃ おわりに ────────────────

　市役所で仕事をしていた当時を思い返してみると、本当にたくさんの方と出会い、お話をさせていただいたものです。中には耳の痛い声もありましたが、総じて、人との関わりの奥深さを学ぶ機会と呼べるものでした。

　今でも耳に残っているのは、「あなたが担当者になってくれてよかった」という市民からの言葉。この言葉をいただいたとき、嬉しさ以上に、「前任者と比べられている？」というプレッシャーを重く感じたことを覚えています。

　市民は職員のことをよく見ています。媚びを売ってまで好かれようとする必要はありませんが、がっかりさせることがないように誠実な仕事で応えなければなりません。

　このような姿勢は市民にも伝わり、強固な協力体制を築くことにつながることもあります。私自身、市民との絆に助けられ、また数えきれないほどの後押しをいただいていました。

　市役所を退職し、キャリア教育の現場に身を置くようになってからは、「公務員経験のあるキャリアコンサルタント」として、多くの公務員志望者と接点を持つようになりました。

　公務員を目指そうとする姿勢が、「なんとなく」から「なんとしても」に変わり始めるにつれて、志望動機はどんどん具体的に、深みのあるものに進化していきます。その様子を見守りながら、これから地域の財産となる若者たちに関わることができる喜びを噛みしめている毎日です。

　さて、本書を手に取り、最後まで読んでくれたあなたは、筆記試験対策のみでは知り得ない「本当に大切な準備」に、既に気づいているはずです。

　公務員採用試験は資格試験ではなく、採用選考です。すなわち、基準

点をクリアすれば自動的に合格証書をもらえるものではなく、「あなた」と「自治体」が相互理解を通してマッチorアンマッチを確認し合うキャリア選択の場なのです。そのことを忘れないでください。

心から納得できるキャリアとして「公務員」を考えられるようになったとき、そしてそれをあなたの言葉で表現できるようになったとき、公務員採用試験の突破は「ゴール」から「通過点」に変わります。そんな頼もしい人財を面接官が見逃すはずがありません。

筆記試験に費やした時間を無駄にしないために、最終選考を突破するために、そしてなにより、あなた自身が公務員としてのキャリアをエンジョイするために、限りある受験準備期間を有意義に過ごしてください。

最後に、本書でも紹介しましたが、公務員の仕事とは「力を貸していただく仕事」ともいえます。そのため、感謝の気持ちは常に持ち続けていたいと思いながら働いてきたつもりですし、それは今でも変わりません。本書の制作にあたっても、実に多くの方々の力を貸していただきました。まず、この度の出版の機会を与えてくださった日本能率協会マネジメントセンターの皆様、関係者の皆様、特に的確なアドバイスで手取り足取りお力添えいただいた編集担当の早瀬様には心より感謝申し上げます。また、現役の公務員として日頃から『きりんゼミ』に協力してくれているOB・OG諸君、いつも本当にありがとう。あなたたちの各地域での活躍は私の自慢です。そして、私の仕事をいつも温かく寛大な心で認めてくれる我が家の大黒柱Mさん、この場をお借りしてあらためて御礼申し上げます。

滝井元視

著者紹介

滝井 元視 （たきい・もとみ）

高崎商科大学短期大学部准教授　メディアセンター長

1978年福岡県北九州市生まれ。中央大学商学修士課程修了。

大学院で租税法の面白さに目覚め、一時はその道の研究職を目指していたが、当時の指導教授からの「現場を知らないヤツはダメだ」の一言に感化され、公務員受験に方向転換。地域密着の仕事と税務の両方を叶えられる職場として2004年に都内の市役所に入職する。入職後は、市有財産管理、労働行政、工業振興、農業振興、観光などに携わる。2011年にキャリアコンサルタントとして独立後は、首都圏の大学生のキャリア支援に従事。現在は縁あって群馬県に移住し、現任校でキャリア支援（キャリア教育、就職支援など）を担当している。また、公務員退職後から開講している私塾『きりんゼミ』（現在はオンライン開講）では、公務員受験の突破に向けて全国各地の公務員志望者（大学生、短大生、高校生）たちと「一流の公務員になる」を合言葉に切磋琢磨している。

【ワークシートダウンロードサービスのご案内】

本書の第6章にまとめてあるワークシートにつきましては、下記のサイトからPDFとしてダウンロードが可能です。
下記のURLからごアクセスいただき、
注意点や免責事項をご確認のうえ利用ください。

https://www.jmam.co.jp/pub/9200.html

**面接で伝わり差がつく！**
**自分だけの地方公務員の志望動機**

2024年3月30日　初版第1刷発行

著　者──滝井 元視
　　　　　©2024 Motomi Takii
発行者──張 士洛
発行所──日本能率協会マネジメントセンター
〒103-6009 東京都中央区日本橋2‐7‐1　東京日本橋タワー
TEL 03（6362）4339（編集）／03（6362）4558（販売）
FAX 03（3272）8127（編集・販売）
https://www.jmam.co.jp/

装丁────志岐デザイン事務所／古屋真樹
本文DTP──株式会社明昌堂
印刷────広研印刷株式会社
製本────東京美術紙工協業組合

ISBN978-4-8005-9200-2 C0036
落丁・乱丁はおとりかえします。
PRINTED IN JAPAN

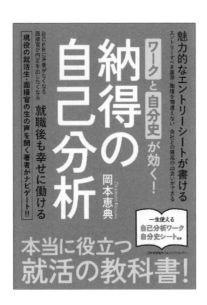

# ワークと自分史が効く!
# 納得の自己分析

**岡本 恵典 著**

納得と自信をもって就職活動に臨み、自分と企業にとって最高の
マッチングをし、幸せな(職業)人生を送るための書。自分史を通じ
た活動のコツを、現役の就活生・面接官の生の声を聞く著者がナ
ビゲートします。

A5判 208頁+別冊24頁

**日本能率協会マネジメントセンター**